하루 한 권 학습만화 19

세계의역사

KB194815

KADOKAWA MANGA GAKUSYU SERIES SEKAI NO REKISHI
REISEN NO SHUKETSU TO MINSHUKAUNDO 1980-1990NEN

일러두기

이 책은 세계사를 바라보는 다양한 시각 및 국제정치적 감각을 길러주기 위한 목적으로 기획되었다. 원서는 비교 역사학을 토대로 서술되어 특정 국가의 시각에 치우치지 않고 세계 각국의 다양한 역사적 사실에 기반을 두고 있다. 다시 말해 우리 민족의 관점으로 바라본 세계사가 아님을 밝힌다.

다만 역사라는 학문의 특성상 우리나라 학계 및 정서에 맞지 않는 영토분쟁 · 역사적 논쟁점도 분명히 존재한다. 편집부 역시 이러한 사실을 인지하고, 국내 정서와 다른 부분은 되도록 완곡한 단어로 교정했다. 그러나 오늘날 발생하는 수많은 역사 분쟁을 다양한 시각에서 논의할 수 있도록 필요한 부분은 원서의 내용을 살려 편집했다. 교육 자료로 활용하거나 아동이 혼자 읽는 경우 이와 같은 부분에 지도가 필요할 수 있음을 당부드린다.

제1장 냉전 체제의 붕괴

미국과 소련에 의해 냉전이 종결되자 동서독은 통일되고 소련은 해체된다.

소련

미하일 고르바초프
페레스트로이카를 추진하고 동서 냉전을 종결시킨다.

쿠데타

← 냉전 종결 →

미국

지미 카터
제39대 대통령. 데탕트를 유지했으나 강경노선으로 돌아선다.

로널드 레이건
제40대 대통령. '강한 미국'을 목표로 소련에 강경 자세를 취한다.

조지 H.W. 부시
제41대 대통령. 몰타 회담에서 고르바초프와 냉전 종결을 선언한다.

러시아 공화국

겐나디 야나예프
항전
공산당의 보수파. 쿠데타를 일으킨다.

보리스 옐친
소련에서 이탈하고 독립국가연합을 설립한다.

독일

동독
독일민주공화국. 독일의 동방 소련 점령지구가 독립된 국가. 국민은 이동이 제한되었다.

통일

서독
독일연방공화국. 독일의 서방 미국, 영국, 프랑스 점령지구가 독립된 국가.

통일

제2장 미국과 일본의 무역 마찰과 유럽의 경제

세계경제가 정체되자 신자유주의 경제정책을 취한다. 미국과 일본 간의 무역 마찰이 일어났다.

일본

미국으로 수출하는 자동차가 늘어나면서 무역 흑자 규모가 커졌다.

무역 마찰

나카소네 야스히로
내각총리대신으로서 행정 개혁과 국유철도의 분할 민영화 등을 착수했다.

미국

일본과의 무역 마찰이 심각해지자 국내에서 재팬 배싱이 일어났다.

영국

마거릿 대처
'철의 여인'으로 불린 영국 수상. 영국 경제를 회복시킨다.

프랑스

자크 시라크
프랑수아 미테랑 대통령 아래에서 총리직을 맡고 '작은 정부'를 지향한다.

내정을 맡김

프랑수아 미테랑
'큰 정부'를 내걸고 산업의 국유화를 실시하는 프랑스의 대통령.

독일

헬무트 콜
서독의 총리로서 동서독의 통일을 이룬다.

주요 사건

1985년
플라자 합의

1986년
체르노빌 원자력 발전소 사고

1989년
천안문 사태

1989년
베를린 장벽 붕괴

아시아 국가에서는 경제성장이 진행되는 한편,
독재정권에 대한 민주화 운동이 활발해진다.

APEC 회원국

NIES(신흥공업 경제지역)

대한민국

박정희

쿠데타로 대통령이 되고, 높은 경제성장을 달성한다.

싱가포르

리콴유

자유무역을 추진하는 총리. 주요 산업을 발전시켰다.

대만

리덩후이

민주화를 추진하고 첫 총통 직접 선거를 실시한다.

중국

덩샤오핑

'네 개 현대화'를 목표로 개혁·개방 노선을 추진한 최고 지도자.

ASEAN 회원국

미얀마(버마)

아웅산수찌

민주화 운동의 지도자. 국가고문이 된다.

인도네시아

수하르토

인도네시아 대통령으로서 개발 독재를 전개했다.

필리핀

코라손 아키노

민주화 운동 에드사 혁명을 거쳐 대통령으로 취임한다.

베트남

응우옌반린

베트남 공산당 서기장으로서 자본주의 경제를 도입한다.

유럽에서는 지역 통합을 추진하여 유럽연합을
탄생시킨다. 대경제권을 구축한다.

유럽공동체(EC)→유럽연합(EU)

프랑스

자크 들로르

유럽연합 집행위원장. 유럽 통화의 통합을 제창하고 유럽 통합을 추진한다.

가입 지지

조르주 퐁피두

영국의 EC 가입을 지지한 대통령.

정책 전환 ←

가입 반대

샤를 드골

영국의 EEC 가입을 거부한 대통령.

지지 →

로버트 쉬망

쉬망 플랜 제창. '유럽연합의 아버지'로 불린다.

← 지지

협력

장 모네

유럽석탄철강공동체의 창설에 관여하며 초대 위원장이 된다.

영국

토니 블레어

암스테르담 조약의 반대를 중지한 총리.

에드워드 히스

EC 가입 협상의 책임자였던 총리.

미국

해리 트루먼

유럽석탄철강공동체의 계획을 지지한 대통령.

서독

콘라트 아데나워

서독의 경제 부흥을 달성한 수상. NATO에 가입한다.

독자여러분께

19

냉전 종결과 민주화 운동

도쿄대학 명예 교수 **하네다 마사시**

1980년대 중반. 소련의 지도자가 된 고르바초프는 사회 개혁을 추진했습니다. 침체된 정치를 일으키고, 피폐한 경제를 되살리기 위해 군축과 관계 개선을 미국에 제안했습니다. 양국 간 논의가 진행되면서 1989년 냉전 종결이 선언되었습니다. 소련의 통제가 느슨해지자 동유럽 국가들은 급속하게 민주화를 추진했고, 많은 나라에서 공산당 정권이 무너졌습니다. 독일에서는 오랫동안 동·서 베를린 사이를 가르던 장벽이 무너졌습니다. 이러한 움직임은 1990년 동·서독 통일, 그리고 1991년 소련 해체로 이어졌습니다.

미국과 영국은 신자유주의라는 경제 정책을 채택해 불황에 빠진 경제를 되살리려고 합니다. 또한 프랑스와 서독을 중심으로 추진된 유럽의 경제 통일 운동은 이 시기부터 포괄적 통합체 유럽연합을 목표로 삼았습니다.

그동안 눈부신 경제 성장을 이룬 일본에 이어 한국, 대만, 싱가포르 등 아시아 국가에서 경제 성장 과 민주화가 이뤄졌습니다. 중국에서는 1989년 민주화를 요구하는 천안문 사태가 발생했지만 정부는 경제 개혁과 개방을 더욱 추진해 이 위기를 넘겼습니다. 40년 이상 지속된 냉전이 왜 싱겁게 끝났을까요. 그 이유에 대해 나눌 수 있는 기회가 되었으면 좋겠습니다.

당부의말씀

- 이 도서의 원서는 일본 문부과학성이 발표한 '2008 개정 학습지도요령'의 이념, '살아가는 힘'을 기반으로 편집되었습니다. 다만 시대상을 반영하려는 저자의 의도적 표현을 제외하고, 역사적 토론이 필요한 표현은 대한민국 국내의 정서를 고려해 완곡하게 수정했습니다.

- 인명·지명·사건명 등의 명칭은 대한민국 초·중·고등학교 교과서를 바탕으로 삼되, 여러 도서·학술정보를 참고해 상대적으로 친숙한 표현으로 표기했습니다.

- 대체로 사실로 인정되는 역사를 기반으로 구성했습니다. 다만 정확한 기록이 남지 않은 등장인물의 경우, 만화라는 장르를 고려해 쉽고 재미있게 읽을 수 있도록 대화·배경·의복 등을 임의로 각색했습니다. 또 역사의 흐름을 이해하는 데 도움이 되도록 만화에 가공인물을 등장시켰습니다. 이러한 가공인물에는 별도로 각주를 달아 표기했습니다.

- 연도는 서기로 표기했습니다. 사건의 발생 연도나 인물의 생몰년이 불분명한 경우에는 일반적으로 통용되는 시점을 채택했습니다. 또 인물의 나이는 앞서 통용된 시점을 기준으로 만 나이로 기재했습니다.

- 인물의 나이는 맞춤법에 어긋나더라도 '프리드리히 1세'처럼 이름이 같은 군주의 순서 표기와 헷갈리지 않도록 '숫자 + 살'로 표기했습니다. 예컨대 '스무 살, 40세'는 '20살, 40살'로 표기했습니다.

1990년대의 세계

냉전이 끝나고 미국의 초강대국화가 진행되는 가운데 국제 사회는 계속 새로운 질서를 모색해 나갔어요. 세계 각지에서 자유·평등·민주화를 요구하는 목소리가 더욱 높아지는 시기이기도 했답니다.

미국의 초강대국화
(1991년 12월~)

B

소련 해체 이후 미국이 세계의 정치·경제에 막강한 영향력을 갖게 됨

중국에서 민주화를 요구하는
운동이 일어남(1989년)

C

베이징 천안문 광장에서 대규모 민중 시위가 벌어짐

새 연호 '헤이세이'
(1989년 1월)

쇼와 천황이 사망하고 새 연호로 '헤이세이'가 발표됨

알베르토 후지모리가 페루의
대통령으로 취임(1990년 7월)

일본계 2세 후지모리 대통령이 페루의 경제 재건에 나섬

소련은 개혁을 추진한 결과, 사회의 모순이 드러나면서 붕괴되었어요. 다른 사회주의 국가도 민주화가 활발해졌어요.

 제2차 세계대전 이후부터 계속된 '냉전'이 끝났군요.

 큰 '유럽'을 만드려는 움직임이 강해지는 것도 이 시기예요. 정치와 경제로 미국과 소련에 대항하기 위해 각국의 더욱 강한 결합이 필요하다고 생각했어요.

 유럽에서는 독일이 재통일을 추진했어요.

베를린 장벽 붕괴
(1989년 11월)
A

베를린을 동·서로 나눈 벽이 붕괴되면서 독일 통일이 이루어짐

소련의 해체 (1991년 12월)
B

소련이 러시아 연방을 비롯한 독립국가연합(CIS)과 발트 3국으로 분열

아파르트헤이트 관련법 전면 폐지 (1991년 6월)
D

남아프리카공화국의 데 클레르크 대통령이 인종 분리 정책을 폐지

이라크의 쿠웨이트 침공
(1990년 8월)

이라크가 석유 자원을 얻기 위해 쿠웨이트를 침공

◀ 다음 페이지에서 자세한 설명을 확인하세요

EU(유럽연합) 출범

1993년 마스트리흐트 조약의 발효에 의해 통일 독일을 포함한 12개국으로 EU(유럽연합)를 출범힌다. 경제 통합, 외교와 안전 보장 등 정책의 공통화를 목표로 삼았다. EU내의 출입국과 세관 심사 철폐, 사람이나 물건의 이동이 활발해졌다.

냉전 종결 후 소련의 해체

1989년 몰타 회담에서 미국과 소련의 냉전이 종결되었다. 그 후 소련에서는 많은 공화국이 독립을 주장했다. 1991년 독립국가연합(CIS)이 성립하면서 소련은 해체되었다. 이로써 미국이 세계에서 유일한 초강대국이 되었다.

C

천안문 사태 발생

덩샤오핑은 개혁·개방 노선을 추진했으나 정치 민주화에 대해서는 끝내 뒷전이었다. 시민과 학생들은 천안문 광장으로 나와 민주화 요구 시위를 벌였고 이는 곧 항쟁으로 이어졌다. 정부는 무력으로 시위를 진압했으며 다수의 사상자가 발생했다.

수감됐던 넬슨 만델라 석방

D

1990년 남아프리카에서 시행되던 인종분리정책(아파르트헤이트)에 저항해 27년간 수감됐던 넬슨 만델라가 석방되었다. 만델라는 데 클레르크 대통령과 함께 아파르트헤이트 폐지를 실현했다.

19 파노라마 연표 (1980년~1990년)

아프리카, 서 · 남 · 동남아시아	중국 · 대한민국		일본
	중화인민공화국	대한민국	
			도쿄 올림픽 · 패럴림픽 개최(1964년)
			중일 국교 정상화(1972년) 석유 파동(1973년)
	신한법 공포 : 네개 현대화(1978년)	**박정희 대통령** 피격 사건 : 10 · 26사건(1979년)	
이란 – 이라크 전쟁(1980년)	덩샤오핑 · 후야오방 체제가 확립(1981년)	5 · 18 광주 민주화 운동 (1980년) ♟전두환 (1980년~1988년)	쇼 와 시 대
필리핀에서 베니그노 아키노 2세 암살 (1983년) 인도에서 인디라 간디 암살(1984년) ○ 이란 – 이라크 전쟁 격화 남아프리카에서 흑인 폭동 격화(1985년)	홍콩반환 협정 조인 (1984년)	대한항공 007편 격추 사건(1983년)	나카소네 야스히로 내각총리대신 취임(1982년)
필리핀에서 페르디난드 마르코스 실각(1986년) ♟코라손 아키노 (필리핀, 1986년~1992년) 베트남이 도이 머이(쇄신) 정책을 채용	농촌 인민공사 해체 (1985년)		남녀고용기회균등법 성립(1985년)
		서울 올림픽(1988년)	도쿄에서 제12회 G7 정상회담 개최(1986년)
	마카오 반환 합의 (1987년)		
아프가니스탄에서 소련군 철수 시작(1988년) 버마 군부 쿠데타(1988년) 버마가 국명을 미얀마로 개칭(1989년)	천안문 사태(1989년) ♟ 장쩌민 (1989년~2002년)	♟노태우 (1988년~1993년)	○미국과 일본 무역 마찰 격화 쇼와 천황 사망(1989년)
남아프리카공화국, 흑인해방지도자 넬슨 만델라 석방 네팔 민주화 선언(1990년)		소련과 국교 수립 (1990년)	헤 이 세 이 시 대
			거품 경제 붕괴(1991년)
		♟김대중 (1998년~2003년)	

연대	남 · 북아메리카, 서유럽				소련 · 러시아, 동유럽		
	미국 · 라틴아메리카	영국	프랑스	서독	동독	동유럽	소비에트 연방
1950년			유럽석탄철강공동체(ECSC) 출범 (1952년) 유럽경제공동체(EEC) 출범(1958년) 유럽원자력공동체(EURATOM) 출범(1958년)				
1960년			유럽공동체(EC) 출범 (1967년) 샤를 드골 사임(1969년)				
1970년	미국 · 소련의 제1차 전략무기제한협상(SALT I) 조인(1972년)						
	스리마일 섬 원자력 발전소 사고 (1979년)	EC 가입(1973년) 마거릿 대처 내각 성립 (1979년~1990년)					아프가니스탄에 군사 개입(1979년)
	미국 · 소련의 제2차 전략무기제한협상(SALT II) 조인(1979년)						
1980년	👤 로널드 레이건 (1981년~1989년) 우주왕복선 컬럼비아호 발사(1981년) 그레나다 침공(1983년) 전략방위구상(SDI) 개시 (1984년) 로스앤젤레스 올림픽 (1984년) 플라자 합의(1985년) 월스트리트에서 주가 대폭락 (블랙먼데이) (1987년)	포클랜드 전쟁 (1982년)	👤 프랑수아 미테랑 (1981년~1995년) 시라크 내각 성립 (1986년~1988년)	헬무트 콜 내각 성립 (1982년~1998년) 에리히 호네카 서기장이 서독을 첫 방문 (1987년)	폴란드에서 독립자주 노동조합 '연대' 창설 (1980년) 레흐 바웬사가 노벨 평화상을 받음 (1983년)		모스크바 올림픽 (1980년) 👤 미하일 고르바초프 (1985년~1991년) ○ 고르바초프가 페레스트로이카 · 글라스노스트를 제창 체르노빌 원자력 발전소 사고 (1986년)
	미국 · 소련 간에 체결한 중거리 핵전력(INF) 조약(1987년)						
	👤 조지 H.W. 부시 (1989년~1993년)			베를린 장벽 붕괴 (1989년)		동유럽 국가에서 사회주의 체제 붕괴 (1989년)	신베오그라드 선언(1988년) 고르바초프가 중국을 방문해 중소 관계 정상화(1989년)
	미국 · 소련 정상이 몰타 회담에서 냉전 종결을 선언(1989년)						
1990년	👤 알베르토 후지모리 (페루, 1990년~2000년)		**독일연방공화국** 독일의 재통일(1990년)			👤 레흐 바웬사 (폴란드, 1990년~1995년)	
			마스트리흐트 조약(1992년) 유럽연합(EU) 설립(1993년) EU 단일통화 유로 도입 (1999년 유통 개시) (2002년 유통 개시)			바르샤바 조약 기구 해체 (1991년)	소련 해체 독립국가연합(CIS) 설립(1991년) **러시아 연방** 러시아 연방 성립 👤 보리스 옐친(1980년)

냉전 종결과 민주화 운동

(1980년 ~ 1990년)

목 차

제 **1** 장

하루
한 권
학습만화

세계의 역사

19

〈자켓 및 표지〉 곤도 가쓰야 (스튜디오 지브리)

글로벌한
관점으로
세계를
이해하자!

세계사 내비게이터
하네다 마사시 교수

일본판 도서를 감수한 도
쿄대학의 명예 교수. 세계
적인 역사학자로 유명함

〈일러스트〉 우에지 유호

난 아들 이오!

파파 부시 씨~

'파파 부시' 라고도 부릅니다.

훗날 미국 대통령이 되는 장남, '조지 W. 부시' 대통령과 구분하기 위해

파파 부시 정권은 1989년에 몰타 회담에서 제2차 세계대전 이후부터 계속된 미·소 냉전을 종결시키고 이라크의 쿠웨이트 침공으로 걸프 전쟁을 감행하기도 했어요.

얼굴도 비슷해서 약간 헷갈려요.

앗… 옆에 아들 부시 대통령도 타고 있네요.

조지 W. 부시 (아들)
(1946~)
제43대 미국 대통령

조지 H.W. 부시 (아버지)
(1924~2018)
제41대 미국 대통령

저것은?

아버지와 아들이 중동과 인연이 있네요.

테러에 응징하고자 아프가니스탄을 침공했어요.

아들 부시 대통령 정권에서는 2001년 9월 11일 뉴욕 등에서 동시다발 테러가 일어나고

좋습니다ー!

올해 우리 팀의 주제는 '페레스트로이카'와 '글라스노스트'다!

척

척

냉전 종결의 주역 중 한 명인 '미하일 고르바초프' 소련 대통령입니다.

후덥지근해 보이는 무대 의상을 입고 등장합니다.

미하일 고르바초프
(1931~)
소련 대통령

…그래서 이번 퍼레이드에 참가한 거겠죠.

작년까지는 철의 장막 때문에 무엇을 하는지 전혀 몰랐거든.

?

올해의 소련 팀은 파악하기 쉽잖아.

헉!

여전히 서방 측 사람들에게는 인기가 대단합니다.

와 아아 아아

멋있다! 힘내라 '고르비'※!

※고르바초프의 애칭

척

앗!

고르비~♥

하지만 그런 만큼 주위의 강한 반발을 샀던 것 같습니다.

그는 강력한 지도력으로 소련의 개혁을 추진했습니다.

으아악~

반대파가 쿠데타를 일으키고 고르바초프를 납치하는 것 같습니다.

쓸데없는 짓이나 하고 말이야.

우리는 철의 장막 시절이 더 좋았어!

무슨 짓이냐!

오옷!

그의 운명이 궁금하다면 계속해서 책을 읽어 주세요.

대통령님!

…고르바초프 씨 괜찮을 까요?

번쩍

오일 머니와 강대국의 원조로 세계 4위의 군사 대국이 된 나라!

이라크의 군사 퍼레이드인가요?

박력이 굉장합니다!

1979년에 대통령이 된 사담 후세인은

하지만 불평하는 녀석은 가만 두지 않겠다.

숙청! 처형!

살려줘~!

나는 석유 회사를 국유화하고 그 수익으로 나라를 풍요롭게 만들었다. 그리고 학교와 병원도 세웠지.

학교 병원

사담 후세인
(1937~2006)
이라크 대통령

쿠웨이트 팀의 유전차가 갖고 싶어!

게다가

석유 석유

1980년에는 이란-이라크 전쟁을 일으키고

옆에 있는 이란 팀의 퍼레이드 차를 덮쳐라.

으악!

Iran
이란

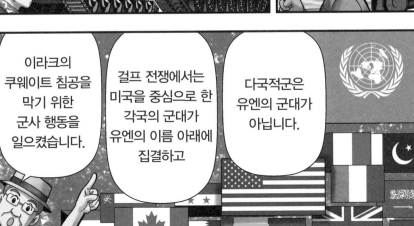

이야 신난다!

오오!

참고로 아사쿠사 삼바 카니발은

브라질의 리우데자네이루 카니발을 본보기로 삼아 1981년부터 시작했습니다!

이렇게 즐거운 카니발이라면 대환영입니다!

세상이 평화롭기를 바라며! 그럼 본편으로 들어가 봅시다.

전쟁으로 이어지지
않을 정도의
대립과 긴장 상태를
지속했다.

1962년,
'쿠바 미사일 위기'로
핵전쟁 직전까지 갔던
미국과 소련은

존 F. 케네디
제35대 미국 대통령

피델 카스트로
쿠바 혁명가

체 게바라
쿠바 혁명의 지도자

제 **1** 장 냉전 체제의 붕괴

24

미국에
질 수
없다.

소련은 군사비를
명목으로 증세했고,
사람들의 생활은
피폐해져 갔다.

'차가운 전쟁'을
뜻하는 말로,
사람들은 이를
'냉전'이라고
불렀다.

더 많은
무기를!
군대에
더 많은
예산을 써야
한다.

미국 역시
베트남 전쟁으로
곤욕을 치렀기에
군사비는
더욱 늘어났다.

니키타 흐루쇼프
소련 수상 겸 제1서기

린든 B. 존슨
제36대 미국 대통령

어떻게든 군사비를 삭감하고 싶다….

이러한 가운데 양국 모두 정권이 교체되면서 새로운 지도자가 등장했다.

레오니트 브레즈네프
소련 공산당 서기장

리처드 닉슨
제37대 미국 대통령

그리고

우리도 같은 생각이오. 그렇다면 군비를 축소하는 것은 어떻소?

핵전쟁은 반드시 피해야 합니다.

미국과 소련의 정치인들은 논의를 시작했다.

이 기세를 몰아 양국의 군비축소를 추진하는 거야.

소련과 말이 잘 통하는군!

'브레즈네프' 서기장과 전략 무기 제한에 대한 회담을 나누고

양국이 보유할 수 있는 핵미사일의 개수를 제한합시다.

1972년, 닉슨 대통령은 소련을 방문한다.

26

핵무기를 실은 미사일과 폭격기, 잠수함의 수도 줄여 나가자.

SALTI※에 합의한 다음, 이어서 좀 더 포괄적인 제한을 협상하기 위해 SALTII도 논의했다.

※ Strategic Arms Limitation Talks의 약자로 전략무기제한협상을 의미함

라고 했다.

긴장 완화(데탕트)

사람들은 이 현상을

그러나

와야야야

1977년, 민주당의 '지미 카터'가 미국 대통령에 취임한다.

공산주의와의 전쟁보다 인권을 존중했으며, 세계 각국에 민주주의를 정착시키는 '인권 외교'를 중시했다.

지미 카터
제39대 미국 대통령

27

소련의 군사비는 거의 줄지 않았습니다!

소련과 SALTI을 맺은 지 6년이나 지났는데도

대통령님 어떻게 된 겁니까!

1978년, 미국 연방 의회 의사당

공화당 의원

......

오히려 늘어나고 있지 않습니까.

술렁

술렁

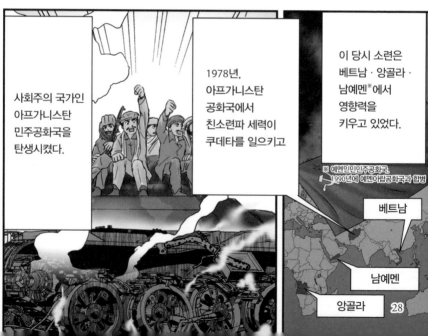

사회주의 국가인 아프가니스탄 민주공화국을 탄생시켰다.

1978년, 아프가니스탄 공화국에서 친소련파 세력이 쿠데타를 일으키고

이 당시 소련은 베트남 · 앙골라 · 남예멘※에서 영향력을 키우고 있었다.

※ 예멘인민민주공화국. 1990년에 예멘아랍공화국과 합병

베트남

남예멘

앙골라

28

대통령이 너무 소극적 이다!

미국을 얕보고 있다.

소련은 앞에서만 데탕트를 외치고 뒤에서는 새로운 사회주의 국가를 탄생시켰다!

닉슨 행정부 이후의 외교 정책을 데탕트를 계승하고 좀 더 지속하자.

하지만 우리는 더 이상 군사비를 늘리고 싶지 않다…

소련의 태도가 의심스럽기는 나도 마찬가지다.

그러나 같은 해 12월

1979년 6월, 지미 카터는 빈에서 브레즈네프와 함께 SALTⅡ에 서명했다.

뭣!

이번에는 소련군이 아프가니스탄을 침공했다고?

29

SALTⅡ를 체결한 지 얼마 지나지도 않았는데!

친소련파를 지원하기 위해 군사 침공을 개시했다.

아프가니스탄에서 일어나는 게릴라 활동을 불안하게 여긴 소련은

정말로 소련은 미국을 얕보는 건가?

1989년까지 계속되는 '아프가니스탄 침공'의 시작이었다.

반미 성향의 이란 이슬람 공화국이 수립되었다….

우리가 지원하던 팔라비 왕조가 호메이니※1에 의한 이란 혁명으로 인해 무너지면서

올해(1979년) 2월에는 이란에서도

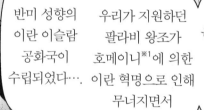

※1 이란의 종교 지도자이자 정치인. 이란 혁명 후 최고 지도자

같은 해 11월, 카터는 이란 주재 미국 대사관에서 발생한 인질 사건에서도 구출 작전을 실패했다.

30

노심용융※3
사고가
일어났다.

1979년 3월,
펜실베이니아주
스리마일 섬에 있는
원자력 발전소에서

카터 정권은
당시
국내 문제도
안고 있었다.

외국에서
하는
첩보 활동도
정보 수집도
어렵구나.

데탕트 때문에
군사비,
CIA※2의 예산,
규모를
줄여온
결과다….

※2 중앙 정보국, 국외에서 첩보 활동(스파이 활동 등)을 수행하는 미합중국 기관
※3 멜트다운, 원자로의 냉각수 이상으로 핵 연료봉이 녹는 중대사고

미국은
소련의
아프가니스탄
침공을 이유로
SALTII의
비준 심의를
중단했다.

이때문에
서명은
했으나
발효되지
않았다.

소련에
강경책을
취하자!

데탕트는
끝이다.

…
그래!

SALTII

자본주의
진영의
약 60개국도
그 뒤를 따랐다.

1980년,
소련에서 열린
모스크바 올림픽에는
불참을 표명했다.

미국은 소련에
곡물 수출 금지 등을
실시했고

이번 올림픽에
나가기 위해
열심히
준비했는데…

제가
대통령이
된 이상

데탕트는
소련만
유리하게
만들었습니다!

'강한
미국'은
반드시
실현될
것입니다!

1981년,
'로널드 레이건'이
미국 대통령에
취임한다.

이런
카터를
선거에서
꺾고

로널드 레이건
제40대 미국 대통령

소련은 국가가 개인을 억압하는 '악의 제국' 입니다.

1983년 3월 8일

미국은 악의 제국에 맞서 싸우겠습니다!

이번 대통령은 강경한 태도를 취하는군.

미국의 국방 예산을 증대시키고

앞으로 더욱 강하게 대처 하겠습니다!

누군가가 미국이나 동맹국을 향해 핵미사일을 발사한다면

오늘밤 저는 새로운 연구 개발 계획을 발표하기 위해 이자리에 섰습니다.

1983년 3월 23일, 레이건 대통령은 대국민 TV 연설을 했다.

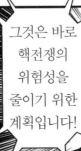

그것은 바로 핵전쟁의 위험성을 줄이기 위한 계획입니다!

33

도달하기 전에

격파하는 것입니다!

우주 공간에 배치한 레이저 무기로

이 계획이 사실이라면 우리는 열세에 몰릴 것이다.

마치 영화 같아!

헉

'스타워즈※ 계획'이라고 했다.

언론은 레이건이 발표한 계획을

※ 1977년 미국에서 개봉한 SF영화

1984년, 정식으로 시작되었으며 전략방위구상(SDI)으로 불리게 되었다.

당시 핵전략의 상식을 뒤엎은 레이건의 계획은

20세기에는 실현할 수 없을지도 모르네.

기술적으로 어려운 부분이 있네….

하지만 각하…. 이게 정말 가능할지 모르겠습니다.

레이저로 미사일을 격파 한다는 게.

소련의 기술력과 자금력으로 대항할 수 없는 목표를 세워서

이 계획의 가장 큰 목표는

그들을 압도하는 것이다!

그러나 실현 못해도 상관없다.

네엣?

미국은 자유의 나라임을 보여준 것이라네.

비밀주의 국가 소련과 달리

게다가 대통령이 TV를 통해 국민에게 군사 전략을 연설해

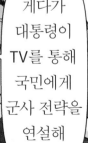

멍一

현재
미사일 방어
개념의
기초가 되었다.

결국 계획이
중단되어
완성하지
못했지만

기술적으로도
어렵고
개발비도
엄청나게 든
SDI는

그들이 배후에서
자금이나 무기를
원조했다.

세계
각지에서
일어난
전쟁
대부분은

이처럼
미국과
소련이
대립하던
시대에

각지에서
일어나는
쿠데타와
군사정권 지원,
주요 인물
암살 등

자국에
도움이 되는
세력이
정권을
잡을 수 있도록
도왔다.

국가
정보기관인
미국의 CIA와
소련의
KGB[1]는

※1 국가보안위원회.
1954년~1991년
사이에 존재했던
소련의 정보기관
이자 비밀 경찰

미국은
세계 각지에서
일어나는 전쟁에
군사 개입을
반복하며
친소련 세력을
봉쇄하려고 했다.

1960년부터 시작된
과테말라 내전에서는
군사정권을 원조함

1979년부터 시작된
아프가니스탄 침공에서는
반정부[2] 게릴라에
무기를 제공함

아프가니스탄

과테말라

니카라과

엘살바도르

※ 반소련군의 집단. 여기에
참가했던 오사마 빈라덴은
2001년 미국 동시다발 테러
사건의 주모자가 됨

중앙
아메리카·
중동 분쟁의
대부분은
미국과
소련의
대리 전쟁
이었다.

니카라과 혁명에서는 소련이 지원하는
혁명 정부를 무너뜨리기 위해
1981년부터 반혁명군을 지원함

1980년부터 시작된
엘살바도르 내전에서는
정부군을 지원해
반미 게릴라를 진압함

미국 녀석…. 역시 미국은 적이다!

양국 관계는 다시 악화되었다.

콘스탄틴 체르넨코
소련 제2서기

대한항공 KAL007편이 소련 전투기에 격추되는 사건이 일어나

한편 그레나다 침공 전 1983년 9월에는

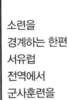

소련을 경계하는 한편 서유럽 전역에서 군사훈련을 실시했다.

같은 해 11월, 미국을 중심으로 결성된 군사 동맹 NATO※군이

※ 1949년에 출범한 미국과 유럽 국가들의 집단 안전 보장 기구

데탕트 이후 미국과 소련 사이의 긴장 상태를 '제2차 냉전' 이라고 하며

각지의 대립이 더욱 격렬 해졌다.

사회주의 진영의 국가들과 함께 불참했다.

소련이 대미 강경 노선을 취해

1984년, 로스 앤젤레스 올림픽 에서는

도산하는 기업의 숫자도 최대를 기록했다.

1982년, 미국에서는 전쟁 이후 처음으로 실업률이 10%를 웃돌았고

그 결과 양국 모두에게 늘어난 군사비 부담은 한계에 다다랐다.

이는 세계공황으로 실업자가 가장 많았던 1933년 이후 처음이었다.

① 대폭 감세

팡!

그래. 감세해서 세수를 늘리는 거야!

네? 세율은 낮추는데, 세수를 늘리다니요?

레이건에게 경제 문제란 취임 때부터 주어진 숙제였다.

효과적인 경제정책을 펼쳐야 해…

세계 공황과 같은 수준의 불황으로 치닫게 될 줄이야….

하지만 무역과 재정적자는 오히려 늘어났다.

어째서?

레이거노믹스 정책으로 소비가 활발해지면서 경기가 살아났다.

아니, 이봐. 기다려 봐!

잘 팔리니까 수입을 더 늘리자.

일본에서 만든 물건이 싸고 좋아!

특히 자동차 수출 대국이었던 일본에 대한 적자가 컸다.

급속도로 무역 적자가 늘어났다.

국내 생산량으로 부족한 물량을 해외에서 대량 수입했기 때문에

큰일이야. 나랏돈이 계속 빠져나가고 있어.

환율을
조정하기로
합의했다.

달러 강세를
바로잡고자
각국의
경제력에 맞게

미국 · 영국 ·
프랑스 · 서독 ·
일본으로 구성된
G5※1의 재무장관이
모여 논의한 결과

이 합의를
'플라자 합의'
라고 한다.

※1 선진 5개국 재무장관
중앙은행 총재회의의 약칭.
주로 통화의 안정책과
경제 정책에 대해 논의함

달러 대비
자국 통화의 가치를
10~12% 정도
높였다.

한번에
다 팔아서
달러의 가치를
떨어뜨릴거야.

각 나라들은
외환시장에
협조개입※2하고

※2 몇몇 국가가 동시에 화폐를 사거나 팔아 외환시장을 안정시키는 것

미국에서 돈을 벌려면 더 비싸게 팔아야 해.

앞으로는 1달러를 팔아도 200엔밖에 남지 않아.

지금까지는 1달러를 팔면 매출이 240엔이었지만

엔화는 1달러 = 240엔대에서 200엔으로 상승하며 강세 경향을 보였고, 이에 달러는 약세로 돌아섰다.

후우...

이것으로 자국 제품이 잘 팔렸으면 좋겠군.

오늘부터 1.2달러

이거 주세요

1달러

소련은 어떻게 나올까….

미국 경제는 더 이상 강하지 않다는 것이 드러났다.

하지만 타국의 협조개입을 허용하는 바람에

이러한 가운데 이들 국가의 미래에 큰 변화를 가져다 주는 정치인이 나타났다.

한편 소련과 동유럽 등 사회주의 국가의 경제도 침체된 상태였다.

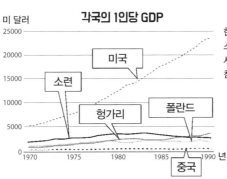

각국의 1인당 GDP

미 달러

25000

20000

15000

10000

5000

0

미국

소련

헝가리

폴란드

중국

1970   1975   1980   1985   1990   년

짝

짝

소비에트
연방의
최고지도자로
취임했다.

1985년
당시 나이
54세였던
'고르바초프'가

짝

제군
동지들이여!
고르바초프는
아직 젊지만
철의 이빨을
가지고 있소!

안드레이 그로미코
제1부총리

미하일 고르바초프
소련 공산당 서기장

미국과 세계를
둘로 나누던
우리 나라가….

경제성장률은
0%까지
떨어졌다.

우리나라는
심각한
상태였어.

이후
이 시대를
'정체의 시대'
라고 불렀다.

돌이켜 보면
3년전
'브레즈네프'
서기장이
사망했을 때

48

내 세대에서 무조건 소련을 되살릴 것이다…!

'유리 안드로포프', '콘스탄틴 체르넨코'가 서기장으로 취임했으나 얼마 지나지 않아 사망하고

단기 정권이었기 때문에 개혁도 할 수 없었다.

이 나라는 이제 죽을 지경에 이르렀다.

임시방편 치료가 아니라 대수술이 필요하다….

숨기지 않으면 나라의 내부 사정이 미국에 다 까발려집니다.

권력을 유지하기 위해서는 비밀로 해야하지 않을까요…?

앞으로 정보는 모두 숨김없이 공개하라.

고르바초프는 먼저 글라스노스트※ (정보공개)를 추진했다.

※ 일반적으로 소련 정부가 가지고 있는 정보를 공개하는 정책. 역사의 재검토로도 이어짐

CCCP

창의적인 일 따위는 너무 어리석어. 정해진 일만 하자.

기술 개발을 가볍게 생각 했으니까. 기업간의 경쟁도 없다.

짱 짱

우리나라의 경제 부진은 점점 심해졌다.

전 세계가 기술집약형 산업*을 중요시 하게 되자 컴퓨터가 탄생하고

소련제는 불량품 뿐이야.

※ 기술 진보의 영향이 큰 산업

소곤 소곤

상사의 심기를 거스르지 않는 것이 가장 중요했지.

정치와 경제에 변화가 필요하다는 생각을 전혀 하지 못했어.

멍—

정치도 경제도 미국과 서유럽에 크게 뒤처지고 말았네.

경제를 재건하고 정치를 민주화해야 한다!

기업 활동의 자주권 확대,

1986년, 고르바초프는 '페레스트로이카'를 슬로건으로 내세우며

개인 영업의 자유를 인정하는 개혁 등도 실시했다.

소련을 되살리기 위해서… 페레스트로이카[1]도 실행할 것이다!

※1 재편·재건이라는 뜻의 러시아어. 고르바초프 정권이 추진한 개혁 정책

어차피 곧 원래의 체제로 돌아갈 거야.

소련에게 속지 말게.

서방 국가들

페레스트로이카…? 소련은 어디까지 진심일까.

으, 이건…

그러던 중 1986년 4월 소련·우크라이나[2] 체르노빌

※2 당시 소련의 일부였으나 소련 해체 때 우크라이나로 독립함

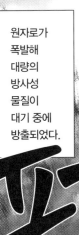

원자로가 폭발해 대량의 방사성 물질이 대기 중에 방출되었다.

체르노빌 원자력 발전소에서 대규모 사고가 발생했다.

안 돼! 원자로의 온도가 계속 올라가고 있습니다!

급수해!

빨리 제어봉을… 으아악!

양국의 경제와 재정이 얼마나 어려웠는지를 나타내는 방증이기도 했다.

미국의 스리마일 섬에 이어 소련에서도 원자력 발전소 사고가 일어난 것은

기술력에 문제가 생겼다는 것은, 곧 중대한 사고를 의미했다.

원자력 발전소를 가동하기 위해서는 고도의 기술력이 필요하며

사고가
발각된
것은

스웨덴에서
고농도
방사성
물질이
검출되면서였다.

이
수치는
뭐야?!

스웨덴

약 1500km

●체르노빌

소련은
이 사고를
바로 공개하지
않았다.

탕!

새 정권의
수뇌진을
초조하게
만들었다.

하아
그것이….

소련 내부에서도
고르바초프에게
사고 보고가
들어가지 않았으며

왜 빨리
보고하지
않았나!

덕분에
피해가
더욱
커졌어.

이게
어찌된
일인가.

현장 관리인이
처벌이 두려워
보고를
미룬 것
같습니다.

54

역시 정보를 공개해야 한다.

국내·외 모두를 위해서!

그것 봐, 페레스트로이카는 말뿐이다!

소련의 문제점이 전 세계로 알려지게 되었다.

서방 국가들을 이해시키고 기술 협력을 받아야 한다.

방사능 오염의 확대 방지와 사고를 일으킨 원자로의 폐로를 위해서

원자력 발전소 사고를 일으킨 우리나라는

글라스노스트가 한층 더 진행되었다.

자유로운 보도와 정부의 정보 공개 등

체르노빌에서 일어난 사고를 계기로

외교에서는 '신(新) 사고 외교'라는 새로운 이념을 내세웠다.

나는 지금까지의 사고방식에 얽매이지 않는 외교를 하고 싶다.

지금까지처럼 군사력으로 균형을 유지하던 외교가 아니라

서방과 경제적으로 서로 돕고 세계 경제와 연결되는 외교를 펼치고 싶다.

'셰바르드나제'는 고르바초프의 오른팔로 소련 개혁 정책의 중심인물이다.

알겠 습니다. 서기장 님.

그러기 위해서는 자네의 활약이 필요하네.

에두아르드 셰바르드나제 외무대신

1989년 2월에 완전히 철수했다.

소련만 떠나면 뭐해! 이곳은 이미 엉망진창이 되었다고!

같은 달, 소련은 아프가니스탄에서 철수하겠다는 의사를 밝혔다.

57

진심으로 소련을 바꾸려고 하고, 그러기 위해 서방과의 대화를 요구하고 있다.

고르바초프는 보수적이었던 이전까지의 소련 지도자들과는 다르다.

그렇다면 우리도 진심으로 대응해야지.

'신 사고 외교'…. 고르바초프가 이런 생각을!

1987년 12월, 중거리핵전력 (INF) 조약에 서명한다.

미국과 소련은 여러 차례의 정상회담을 거쳐서

이것으로 서방 국가들과의 관계도 개선되고

군사비 삭감도 할 수 있을거야.

이로써 중거리 및 단거리의 핵미사일을 모두 폐기하게 되었다.

와아아아

아아

과거 소련은
체코슬로바키아와
헝가리에서 일어난
민주화 운동을
억압했는데,
방침을 바꾼 것이다.

동유럽 국가의
자립을 용인한
이 성명을
'신베오그라드
선언'이라
부르며

아아!

'신베
오그라드
선언'
들었어?

소련
군대가 와서
억누르는
일은
없을거야.

이제
우리 나라의
공산당
일당독재를
비판해도

그 후

동유럽 각국에서
시민의
민주화 운동이
잇따라 일어났다.

60

같은 해
동유럽 국가에서
민주화의 움직임이
한꺼번에 일어났다.

동독

폴란드

체코슬로바키아

헝가리

루마니아

유고슬라비아^{※1}

※1 동유럽 혁명의 여파로
1990년에 자유선거가
실시됨

동유럽
혁명
이다.

불가리아

알바니아^{※2}

※2 1992년에 민주화가 됨

합법적으로
활동할 수
있게
되었고

폴란드에서는
'레흐 바웬사'
의장이 이끄는
독립자치
노동조합
'연대'가

1989년 6월,
의회 선거에서
압승해
공산당 정권을
끝냈다.

서독으로
탈출하려는
10만 명 이상의
사람들이
헝가리와
오스트리아
국경으로
몰려들었다.

이제
자유가 없는
나라에는
있을 수 없어.

이러한 가운데
동독에서는
자유와
풍요로운
삶을 찾아

그 틈에 국경 경비대의 눈을 피해 국경을 넘어 서쪽으로 가는 거야.

헝가리·오스트리아의 국경에서 큰 집회(피크닉)를 여니까

헝가리에서는 민주포럼의 활동가들이 그들을 지원했다.

피크닉을 알리는 당시 전단지
(독일어)

이후 20만 명 이상이 서독으로 탈출했다.

이 사건을 '범유럽 피크닉' 이라고 한다.

수백 명에 달하는 동독 국민이 당시 여행할 수 있었던 몇 안 되는 나라, 헝가리를 거쳐 오스트리아에서 서독으로 달아났다.

1989년 8월 19일

와ー

와ー

동독에 남은 사람들도

자유로운 선거를!

우리가 국민이다.

여행의 자유를!

동독의 국민들은 매일 대규모 시위를 벌였다.

시위의 열기는 가라앉지 않았다.

10월에 동독의 호네카 정권이 퇴진했지만

국외여행에 관한 법률 규제를 약간 완화해서 국민을 달래야겠어.

끄응… 이러다가는 폭동이 일어나겠어.

와ー 와ー

점점 '그 날'이 다가오고 있었다.

그리고

동독 정부는 서둘러 법을 개정했다.

63

동독 정부 기자회견장

1989년 11월 9일

새로운 법률을 발표 하겠습니다.

권위적인 동독 정부가 기자회견을 통해 이 상황을 해결하려는 새로운 시도가 있었다.

으응..?

사실 여기에는 전제 조건이 있었는데,

나라 밖을 나가려면 정부가 발행하는 신분증이 필요했다.

동독 국민 누구나 자유롭게 나라 밖을 나갈 수 있습니다.

특종 이다!

지금 동독이 국경을 개방한다고 말했어.

기자회장서 갑작스레 국외여행의 자유화를 발표했다.

열어라

열어라

와아아아아아아

정부가 국경 문을 연다고 했다!

28년 동안 많은 동독 국민이 이 장벽을 넘다가 죽임을 당했다.

많은 국민이 몰려드는 가운데

베를린 장벽은 그야말로 동·서독 분단과 냉전의 상징이었다.

검문소를 지키는 군도 마침내 문을 열 수밖에 없었다.

열어라!

열어라!

오보를 접한

부통령였던
조지 H. W. 부시가
대통령 선거에 출마해
1989년,
미국 대통령에
당선되었다.

미국에서는
레이건의
임기가
만료되면서

냉전의
상징이었던
장벽이
무너졌다…!

조지 H.W. 부시
제41대 미국 대통령

소련과
대화할
시기가
왔다…!

동유럽도
잇달아
민주화가
진행되고
있다.

이로써
미국과
소련은
정상에 의해
'냉전 종결'이
선언되었다.

1989년 12월,
지중해
몰타 섬
앞바다에서
고르바초프와
회담한다.

레이건의
외교 방침을
계승한 그는
동유럽 혁명에
힘입어

이듬해 1990년, 서독이 동독을 흡수하는 형태로 독일이 재통일되었다.

독일

폴란드

체코슬로바키아

헝가리

루마니아

불가리아

알바니아

몰타 회담에서 동유럽 6개국※의 자유화와 독일의 통일 논의가 이뤄지고

※ 폴란드 · 체코슬로바키아 · 헝가리 · 루마니아 · 불가리아 · 알바니아

그러나 소련의 운명은 고르바초프가 뜻한 방향으로 흘러가지 않았다.

경제에 국비를 더 투입해 소련을 부활시키는 것이다!

이로써 군사비를 줄이고 개혁을 추진할 수 있다!

40년 이상 지속된 냉전을 드디어 끝냈다!

러시아에도 민주화를!

간부들만 사치를 부리고.

정보 공개로 공산당의 비리가 드러났다.

그 무렵 소련 내에서도 민주화 움직임이 활발했다.

복수정당제와 대통령제를 도입했으며,

공산당의 일당독재는 포기한다.

고르바초프는 헌법 개정에 착수해

짝 짝 짝

앞으로는 국민이 직접 대통령을 뽑게 될거야.

그때까지 내가 대통령의 직무를 맡는다.

짝 짝

1990년 3월, 인민 대표 회의에서 소련 대통령으로 선출되었다.

짝

짝

쿠데타는 헌법 위반! 철저히 항전하자!

소련 내에 있는 주요 국가, 러시아 공화국의 대통령 '보리스 옐친' 이었다.

야나예프를 비롯한 보수파는 모스크바 중심부에 전차를 출동 시켜 방송국을 점거했다.

떨거덕 떨거덕 떨

보리스 옐친
러시아 공화국 대통령

옐친은 쿠데타 반대를 호소하고

여기서 반쿠데타의 선두에 선 사람은

이로써 정치는 우리 보수파의 것이다.

히죽

- 72

종 앉어!!

와-
와-

와-
와-

마침내 다수의 군부도 이에 동참했다.

민중은 옐친 등 개혁파의 편에 섰으며

와!하!아!앙!!

하지만

고르바초프는 구출 되었다.

그 결과 쿠데타는 불과 3일 만에 실패하고

와-
와-

반대로

사람들의 마음은 공산당에서 멀어져 갔다.

쿠데타를 일으킨 장본인이 고르바초프의 측근들이었기 때문에

민중은 이미 공산당을 포기했다…!

소련을 개혁하겠다는 고르바초프의 방식은 미온적이다.

옐친!

옐친!

러시아!

쿠데타의 신압으로 민중에게 지지를 얻은 사람은 옐친이었다.

러시아 공화국은 소련에서 이탈하고 러시아 연방이 될 것이다!

당시 소련 내의 러시아 공화국 대통령이었던 옐친은

1991년 12월, 새로운 독립국가연합(CIS) 설립을 선언했다.

마찬가지로 소련 내에 있는 우크라이나·벨라루스 등도 소련에서 이탈하고

그 결과,
고르바초프는
대통령직에서
사임했다.

1991년
12월,
소련은
해체되었다.

고르바초프는
소련
공산당을
해산시켰고

소련을
되살리려는
내 생각마저
뛰어넘었다….

글라스노스트
정책으로
자유에 눈을 뜬 민중은
새로운 지도자와
체제를 요구했다.

내
역할은
끝났다.

1917년,
러시아 혁명으로
건국된 최초의
사회주의 국가는
그 장대한 역사의
막을 내렸다.
러시아는 이제 막
신시대로
돌입하고 있었다.

1960

1960년대
에는
전 세계가
호황을
누렸다.

1970

그러나
1970년대 이후
미국이
경제 부진에
직면하자

다른 나라
역시도
경제 정체
시대로
접어든다.

그 흐름을 타고
일본과 서독 등
많은 국가가
경제성장을
이뤘다.

제 2 장

미국과 일본의 무역 마찰과 유럽의 경제

특히 1980년대 초반에는 자동차 수출 분야에서 미국과의 마찰이 최고조에 달아 상황이 심각했다.

♪ 다른 나라에서 싼 물건을 팔아 떼돈을 벌어 들이다니.

이러한 가운데 꾸준히 안정 성장하던 일본의 무역 흑자가 1980년대에 들어 큰 폭으로 확대되었다. 이로 인해 미국, 유럽공동체(EC)와 일본 사이에서 무역 마찰이 일어났다.

1980

1982년. 일본

젊은 자네가 세계 경제의 중심에서 우리 회사의 주력 사업, 자동차 수출 부문을 맡아 주었으면 하네.

미안 갑작 스럽 겠지만,

뉴욕 지사로 전근 이요…?

사나다 고이치 28세
○×상사 자동차 판매부 근무

네!

미국에서는 일본 자동차가 너무 잘 팔려 반감을 사는 모양인데,

그만큼 일본 기업이 잘 만든다는 뜻이 아니겠는가.

한층 더 성장해 주기를 바라네.

나리타 신도쿄 국제공항

1978년 지바현 나리타시에서 '신도쿄 국제공항'[1]을 개항한다.

※1 지금의 나리타 국제공항

그 결과, 도쿄국제공항[2]의 국제선 항공편이 세계와의 창구가 된 신도쿄 국제공항으로 대거 이전했다.

※2 지금의 하네다 국제공항

도쿄에서 나리타 까진 멀구나….

겨우 도착 했네.

고오오오오오

현지 직원이 마중나왔을 텐데.

그건 그렇고 엄청 넓잖아.

어이! 사나다군! 여기! 여기야!

아

일단 악수부터.

앞으로 잘 부탁해!

뭐야. 딱딱하게.

친근하고 편하게 지내자.

뉴욕 지사의 '지바 요시히코'야. 너를 담당하게 되었어.

무엇이든 물어 봐.

꾸벅

처음 뵙겠습니다. 잘부탁 드립니다!

79

『Japan As No.1 미국을 위한 교훈』?

1979년에 간행된 하버드 대학교의 사회학자 에즈라 보겔의 저서다.

아 맞다.

읽으면 도움이 될 거야. 이거!

받아

자… 잘 부탁 드립니다!

일단 자네가 살 아파트로 갈게.

일본 경제가 No.1이라고 불릴 정도로 성장했군요.

이 책에서는 종신고용이나 연공서열과 같은 '경영문화'가 일본의 성공 요인이라고 분석하고 있어.

미국이나 유럽같은 선진국보다 높은 경제 성장률을 유지할 수 있었어.

공장과 사무실의 '자동화'를 추진해

일본 기업은 에너지 절약과 인원 삭감,

제2차 석유파동 이후에도 꾸준히 안정 성장을 유지했다.

일본 경제는 1955년부터 1973년의 제1차 석유 파동※때까지 급성장했으며,

경제 정체에 괴로워하던 선진국들은 두 차례의 석유 파동(오일쇼크)으로 인한 불황을 외국 수출로 극복하려고 했다.

※ 제4차 중동 전쟁으로 아랍 산유국들이 석유 수출을 중단하면서 유가가 급등함

특히 미국 차와 달리 저렴한 가격과 높은 연비를 가진 일본 자동차는 미국 시장에서 빠르게 점유율을 늘려나갔다.

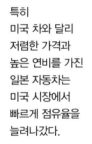

일본 기업은 미국에 자동차와 전자 제품, 반도체 등을 수출했다.

이란 혁명으로 휘발유 가격이 급등했으니 연비 좋은 소형 일본 차가 인기를 끄는 것은 당연하죠.

국내의 노동자들이 해고되거나 임금이 줄어드는 문제가 발생했어.

하지만 그것 때문에 미국에서는 일본에 대한 무역적자로

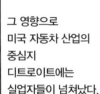

그 영향으로 미국 자동차 산업의 중심지 디트로이트에는 실업자들이 넘쳐났다.

1974년에 일본이 미국으로 수출한 자동차 수는 60만대였으나 1980년에는 182만대로 급증했다.

뉴스

미국은 대일 무역 적자의 원인이 일본의 '보호무역주의'에 있다고 주장했습니다.

일본 자동차와 제품을 망치로 때려부수는 행동이요?

질투라고 하기에는 너무 심했어요.

TV 뉴스에서 보지 않았어? '재팬 배싱' 말이야.

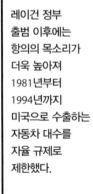

레이건 정부 출범 이후에는 항의의 목소리가 더욱 높아져 1981년부터 1994년까지 미국으로 수출하는 자동차 대수를 자율 규제로 제한했다.

1980년 2월, 전미자동차노동조합 회장이 일본을 방문해 수출 자율 규제와 대미 투자를 호소했다.

문제를 해결하자!

이로 인해 미국과 일본 사이에 무역 마찰이 확대되고 미국에서는 재팬 배싱이 일어났다.

당시 일본은 국내 산업 보호와 육성을 위해 보호무역 정책을 추진하고 있었다. '보호무역'에는 높은 관세 부과, 자유무역 제한 등이 해당되는데

일본의 자동차 제조사는 대미 투자로 미국에 공장을 건설했다.

현지 노동자를 고용하고 미국과 미국인을 배려했다.

이 부근을 잘 기억해 둬.

끼이익

이미 제조사는 이익률이 높은 고급차 수출 전략으로

수출 대수를 제한해도 이익이 급감하지 않도록 방법을 찾고 있어.

뉴욕, 여기가 오늘부터 내 전쟁터다!

짐 내려놓고 바로 출근 하겠습니다!

자네가 살 아파트야.

에이~ 이 봐, 오늘은 푹 쉬어.

1985년. 뉴욕

출근 전에 마라톤이라니 직장인은 슈퍼맨 같아.

받아, 샌드위치랑 신문 맞지?

마라톤이 아니라 조깅이에요.

'엔화 강세·달러 약세'는 일본에 타격이 커.

달러 강세를 바로잡고자 환율 조정….

사나다군! 거래처 분들 마중하러 가자.

네넵!

1985년 말 1달러는 240엔대에서 200엔으로 '엔화 강세·달러 약세'가 되었다.

'플라자 합의'의 목적은 달러를 약세화 시켜 미국의 수출 경쟁력을 높이고 무역 적자를 줄이기 위함이었다.

1985년 9월, 뉴욕의 플라자호텔에서 선진 5개국이 회의를 열어 기축통화인 달러 대비 참가국 통화를 10~12% 폭으로 절상하기로 합의했다.

참가 5개국
미국·영국·서독·
프랑스·일본(G5)

○×상사의 지바와 사나다입니다.

자동차 회사 △△△의 신사업 개발부 브라운입니다.

미국 고객의 욕구를 재조사해 수출하는 차도 바꿔 나가야 합니다.

엔화 강세가 된 만큼 미국에서 판매하는 자동차의 가격이 올랐습니다. 일본 자동차의 저렴하다는 이점이 사라져 인기도 많이 떨어졌고요.

플라자 합의의 엔화 강세·달러 약세는 솔직히 힘듭니다.

명품 매장으로 들어가는 사람도 많아요.

저기 고층 빌딩은

고급 사무실과 맨션이 있는 트럼프 타워*네요.

※ 2017년에 취임한 제45대 미국 대통령 트럼프가 개발을 주도함

일본은 한참 멀었네.

역시 미국의 저력이 느껴지네요.

이러한 규모의 크기를 보여주다니

트럼프 타워에도 쟁쟁한 유명 인사들이 입주해 있다고 하더군요.

미국도 레이건 정부의 경제정책인 '레이거노믹스'로 경기가 좋아지면서 부자가 부쩍 늘었어요.

기분만 이라도 호화롭게 갑시다.

요즘 화제가 되는 레스토랑을 예약했어요.

점심에 샴페인은 어떠세요?

5월에 통과된 '대일비난결의' 때문에 일본은 불리합니다…

미국 위주의 압력이 거세네요.

이번 플라자 합의도 그렇지만

86

오늘은 중요한 날이니 고급 샴페인으로 하자.

1985년 5월, 미국 의회의 상하 양원에서 가결된 '대일비난결의'를 통해

미국은 일본에 수입 규제의 철폐와 쇠고기·오렌지 등의 관세 인하, 시장개방을 강요했다.

orange

beef

미국산 물건을 살거야!

대낮부터 초고급 샴페인을 주문하다니 일본인이 그 맛을 알까?

알겠습니다.

이 샴페인으로 주세요.

휴…. 둘 다 여기서는 참아 주세요!

잽※을 치켜세워주니 우쭐해 하는 거지.

레이거노믹스로 경기가 회복되었다고 한들 미국의 대일 무역 적자는 플라자 합의 이후에도 증가해

일본에 대한 반감은 사그라지지 않고 계속되었다.

부들부들

※ 일본인을 비하하는 말

미군의 목숨이 위태로워졌다!

도시바가 소련에 수출한 제품 때문에

1987년

연방의회 의사당 앞에서 의원들이 도시바제 무선 카세트와 TV를 망치로 **부수는** 퍼포먼스가 벌어졌다.

콱

콱

TOSHIBA

1987년, 일본의 전기 기계 제조업체 '도시바'의 자회사인 도시바 기계가

COCOM※이 규제하는 공작기계를 공산권에 수출한 사실이 밝혀지고

※ 대공산권 수출 통제 위원회

이 기계가 소련 잠수함의 성능을 향상 시켰다며 도시바에 대한 비판이 높아지면서

그럼 지바 선배님의 일본 본사 영전을 축하하며.

건배!

다들 고마워. 가족들도 다시 일본에서 기뻐하고 생활할 생각에 있어.

지난번 COCOM 위반 사건이 뉴스에서 거론되고 있어.

미국 의회에서는 일본의 보수적인 무역 체제뿐만 아니라

무역품 관리에도 문제가 있다는 논리로 발전하고 있어.

아무리 그래도 도시바 배싱이 너무 심해. 요란하게 부수는구만.

10월에 일어난 블랙먼데이 사건 때문에 초조해 하는 거지.

미군의 생명 위험까지 일본 탓으로 돌리는 건 너무하지 않아?

무역 문제를 군사적인 문제로 삼아

뉴욕 증시에서는
'블랙서즈데이'라
불리는 1929년
세계 공황의 발단,
월스트리트 대폭락을
넘어선 사상 최대의
폭락세가 기록됐다.

1987년
10월 19일
월요일,
홍콩을
발단으로
일어난
세계적
주가 대폭락
사건을 말한다.

블랙
먼데
이는

주가 회복 속도도
뉴욕과는
대조적이고
엔화 강세로
동아시아 투자도
아시아 경제를
성장시키고 있죠.

그날
도쿄 증시의
하락 폭은
작았으니
그래서 더 눈에
거슬렸을지도
몰라요.

와타나베 쿄코 25살

사나다 군 아아.
와타나베
씨와는
초면인가?

네!

앞으로는
아시아가
세계 경제를
이끌어 가지
않을까요?

...

천황
사망 소식은
해외에서도
크게
보도되었다.

1989년, 일본

1월 7일
쇼와 천황이
사망했다.

헤이
세이

다음날※2
1월 8일 연호를
헤이세이
(平成)로
개정했다.

황태자가
천황※1의
지위를
이어받아

※2 발표는
1989년 1월 7일

※1.즉위식은
1990년 11월

짝
짝
짝

신랑, 신부
입장합니다.
큰 박수로
맞이해
주시기
바랍니다.

여러분
오래
기다리셨
습니다.

짝

짝

12월
도쿄

92

역시 이렇게 될 줄 알았어.

신랑 코이치 씨와 신부 쿄코 씨는

부임지 뉴욕에서 서로 알게 된 국제파 엘리트 커플입니다!

지금은 결혼식을 위해 잠시 귀국했지만 유럽으로 신혼여행을 떠난 뒤

뉴욕에서 신혼생활을 시작할 예정이며….

아아, 취직 했을 때는 그 녀석이 제일 출세했다고 다들 분위기 띄워 줬는데.

사나다 직장이 종합상사 였지?

……

사나다군의 대학 친구들 인가…?

기세 등등한 녀석들 이군.

아빠!

바야흐로 돈이 돈을 낳는 시대야. 재테크※ 없는 기업에 미래는 없어.

우리 은행원, 증권맨은 토지와 주식에 투자하고 기업을 매수하지.

상사 따위 물건을 팔 뿐이고 시대에 뒤떨어지지 않아?

※ 기업이 본업 이외 증권과 부동산 등에 투자해 자금운용을 다양화·효율화하기 위한 방법

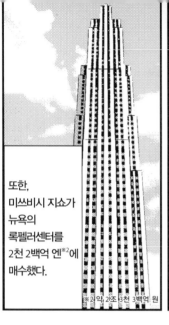

또한,
미쓰비시 지쇼가
뉴욕의
록펠러센터를
2천 2백억 엔*²에
매수했다.

※2 약 2조 3천 3백억 원

1989년에는
소니(SONY)가
미국 영화사
컬럼비아 픽처스를
약 5천억 엔*¹에
매수했다.

※1 약 5조 3천억 원

1986년부터
일본은
'거품 경제'
호황에
열광하며

토지와
주식 등에
대한
투자가
활발히
이루어졌다.

일본은
세계 'No.1'
이니까!

지금은
둘 다
일본 기업의
소유물이야.

건배!

록펠러 센터도
컬럼비아 픽처스도
미국의
상징이잖아?

부부의
케이크
커팅식이
있겠습니다.

일본은
자산만 살 뿐,
새로운 사업을
창출하지 못하고
있지 않은가?

외국
자본을
사 모은다며
전 세계에서
비난받고
있다.

거액의
재팬 머니에
의한
매수는

한편,

일본은 인도네시아와 중국, 태국에 고액의 경제지원을 하고

개발도상국의 인프라 정비와 인재육성에 힘썼다.

이런 상승세가 계속될 수는 없겠지.

일본은 앞으로 어떻게 될까?

Thanks!

네. 유럽 상황도 살펴 보려고 해요.

바로 신혼여행 가는 거지?

지바 선배님 오늘 와주셔서 감사합니다.

선물 기대하세요.

그 당시 영국은 막대한 재정적자를 떠안고 있었으니까.

내가 살 때는 실업자가 넘쳐났는데 지금은 도시가 꽤 활발해.

런던 영국

나는 10년 이상에 걸친 '영국병'은 치료할 수 없다고 생각했어.

영국은 1960년대부터 불황과 인플레이션이 동시에 발생해

1970년대 내내 실업 문제로 심각했다.

사회 계급의 고착화와 영국 기업의 보수적이고 비합리적 경영이 그 원인이었다.

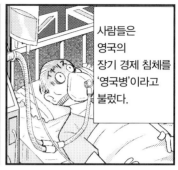

사람들은 영국의 장기 경제 침체를 '영국병'이라고 불렀다.

국제 경쟁력 역시 하락했다.

국가가   보살   펴   줄거야

요람에서 무덤까지

영국은 충실한 사회보장제도와 노동자 보호제도를 가지고 있었다. 기업의 부담은 커져만 갔고

'철의 여인'으로 불린 '마거릿 대처'였다.

'영국병'의 극복을 내세우며 1979년 총리가 된 사람이

'영국병'을 해소하려면 '작은 정부'를 지향해야 합니다.

마거릿 대처 수상

영국 수상 관저

시장 원리에 따른 자유로운 경쟁을 촉진해 경제 성장을 도모하는 사상이나 정책을 말한다.

와

앗

기업

기업

정부의 경제 활동 개입을 가능한 한 줄이고

작은 정부란

정부

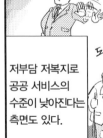

저부담 저복지로 공공 서비스의 수준이 낮아진다는 측면도 있다.

국가 지출

국유기업에 지원한 금액

휴유

도와 줘!

실업

세금 등 국민의 부담은 줄어들지만

맡길게

국유 기업

↓

민간 기업

네

국유·국영사업을 민간 기업에 넘겨주고 난 뒤, 그에 따른 국가 공무원과 정부 예산 규모를 축소한다.

98

国内의 석탄 산업도 손보겠습니다. 복지에 드는 예산을 삭감합시다. 국유 기업을 민영화하고 감세 대신

노동조합의 결속도 견고한데 어렵지 않겠습니까? 그…그러나 석탄 산업은 국가가 계속 보호했고

정부가 보조금까지 주면서 석탄 산업을 지속할 여유 따위 국외에서 저렴한 석탄을 수입할 수 있는데,

지금의 영국에는 없습니다.

그렇게 말한다면 언제까지나 영국은 제자리 걸음만 할 거예요.

99

재정적자를 해소하기 위해

적자가 계속되는 탄광은 폐쇄 하겠 습니다!

여러 탄광이 폐쇄되고 수많은 탄광 노동자가 실직했다.

이에 1984년부터 1985년까지 파업을 일으켜 저항했으나

대처의 정책에 탄광 노동자의 노동조합이 강하게 반발했다.

또한, 이들은 새로운 산업을 모색해야 했고 많은 난제를 떠안았다.

탄광 사업에 주력한 지자체는 이 개혁으로 실직한 광부들의 실업 보험금과 연금 마련 문제로 인해 골머리를 앓았다.

우리가 하는 일은 특수해서 다른 곳으로 이직하지도 못 해.

앞으로 어떻게 살아 가야 하는 걸까.

애는 아직 어리고….

대처의 방식은 강압적이었지만

이렇듯 대처의 강경한 경제 정책을 '대처리즘'이라고 하며

대처리즘으로 영국 경제를 회복할 수 있었어.

사회 양극화를 촉진했다는 비판도 많다.

영국이 회복되었다는 게 실감 돼.

크리스마스를 축하하는 화려한 거리를 보니

응. 파리에서 새해를 맞을 거야.

내일 도버 해협※을 건너 파리로 가는 거지?

101

※ 영국과 프랑스 사이에 있는 해협

도버 해협

파리 프랑스

영국은 대처가 '작은 정부'를 지향했잖아.

그렇지. 그럼 프랑스는?

프랑스는 반대로 '프랑수아 미테랑' 대통령이 '큰 정부'를 내세워서

주요 산업과 은행의 국유화를 실시하고 공공 투자를 증가시켰어.

국유화

제약회사

국유화 추진은 곧 고용 확대로 이어졌는데

최저임금 인상과 사회보장제도가 늘어남에 따른 구매력 향상을 목표로 삼았지.

프랑수아 미테랑 대통령

국유화

은행

102

국내는 시라크가 알아서 할 테니까

그래서 1986년 총선거에서는 보수 연합이 승리하고 보수 연합의 선택을 받은 '시라크 총리'가 이후 프랑스 정치를 맡게 되었어.

맞아.

그치만 잘 안됐지?

미테랑은 외교에 집중해.

유럽 통합 힘내자.

응.

자크 시라크 수상

프랑스도 큰 정부에 막혀서 작은 정부로 전환하는 걸까.

일본도 작은 정부를 지향하며 민영화를 하겠소!

일본의 '나카소네 야스히로' 내각은 미국·영국과 같은 행정 개혁을 지향했어.

나카소네 야스히로 수상

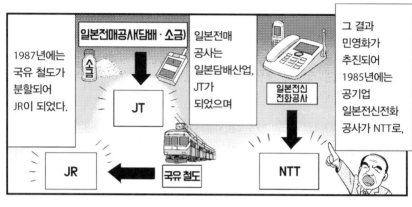

1987년에는 국유 철도가 분할되어 JR이 되었다.

일본전매공사(담배·소금)

→ JT

일본전매공사는 일본담배산업, JT가 되었으며

JR ← 국유 철도

일본전신전화공사

→ NTT

그 결과 민영화가 추진되어 1985년에는 공기업 일본전신전화공사가 NTT로,

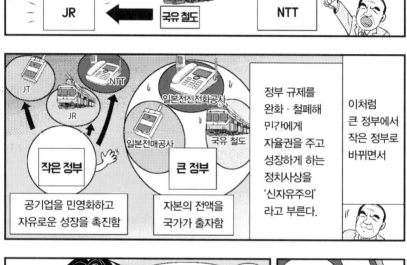

정부 규제를 완화·철폐해 민가에게 자율권을 주고 성장하게 하는 정치사상을 '신자유주의'라고 부른다.

작은 정부

공기업을 민영화하고 자유로운 성장을 촉진함

큰 정부

자본의 전액을 국가가 출자함

이처럼 큰 정부에서 작은 정부로 바뀌면서

맞아. 일본과 마찬가지로 전쟁 이후 급성장한 서독도 1975년부터 마이너스 성장으로 돌아서면서 실업률이 오르기 시작했어.

경제를 회복시키기 위한 개혁이 필요했지.

서독도 작은 정부를 지향하지?

재정 재건을 중시하는 작은 정부 노선으로 전환했다.

함께 해 봅시다!

콜 수상도 지금까지 사회보장을 중시한 큰 정부 노선에서

'헬무트 콜'이 수상으로 취임한다.

서독은 1982년, 사회 민주당을 기독교민주연합과 자유민주당의 연립 정부로 교체하고

헬무트 콜
서독 수상

순조로운 회복세를 보이는 서독 이지만,

동·서독 통일이 앞으로 어떤 영향을 미칠까.

동서를 가로막던 베를린 장벽을 무너뜨리며

통일이다!

콜 수상은 독일 국민의 염원인 동·서독 통일을 향해 힘차게 나아갔다.

1989년 11월, 동베를린에서 서베를린으로 자유롭게 왕래할 수 있게 되고

서독 | 동독
서베를린 | 동베를린
베를린 장벽

11월에 일어난 베를린 장벽 붕괴는 정말 놀라운 일이었어.

올해 동독과 서독이 통일될 거라고는 전혀 상상하지 못했거든.

베를린

마지막으로 갈 곳은 베를린이지?

지금의 독일 모습이 궁금하군.

어렸을 때 일본에서 살았어요.

일본어 잘하시네요.

감사합니다.

일본인이세요?

신혼여행? 둘이 서 봐요. 사진 찍어줄게요!

106

통일한 후 힘들지는 않으세요? 사회주의의 영향권에 있던 동독과 자본주의를 채택한 서독의 경제발전 차이가 심하다고 들었어요.

저는 서독 지역인 뮌헨에 사는데,

동베를린에 사는 친척을 데리러 왔어요.

월급이 적어서 동독에서는 제대로 먹지도 못한다네요.

독일도, 우리도 변해야 해요!

어렵다고만 말할 수는 없죠.

하지만 세계는 시시각각으로 변하고 있으니까.

베를린 장벽의 조각,

지바 선배님께 선물로 드리면 어떨까?

좋은 생각이야.

어머, 남아프리카공화국 '데 클레르크' 대통령의 기사가 실려 있네.

아파르트 헤이트는 지속적으로 국제적인 비난을 받아왔다.

남아프리카 공화국

아파르트헤이트는 남아프리카가 시행하고 있던 흑인에 대한 차별적 인종 분리 정책이었다.

프레데리크 빌렘 데 클레르크
대통령

많은 나라가 국교 단절과 경제 제재를 단행했고 남아프리카공화국은 점점 고립되었다.

스티브 비코

1977년, '흑인 의식' 운동 지도자가 고문에 의해 사망하게 되자

그가 남아프리카공화국의 대통령이 되고 나서 아파르트헤이트 폐지가 이뤄졌지.

아파르트헤이트 자체가 시대착오적인 제도야.

그때까지만 해도 '남성 업무 지원'이라는 사무직에 종사하며 25살이 되기 전에 결혼해 회사를 그만두는 것이 당연했으니까.

불과 몇 년 전만 해도 남성과 똑같은 일을 할 수 있는 종합직에는 취업할 수 없었어.

일본에서도 여성들은 여전히 차별받고 있는 것처럼.

하지만 차별은 정말 뿌리 깊게 박혀 있어.

남성 중심으로 이루어진 사회의 모든 부분을 뿌리부터 비판하는 사상이었다.

남녀평등을 호소하는 운동이 전세계에서 일어났다.

1960년대 후반부터 '여성해방 운동'과 '페미니즘' 등

가정과 교육의 재검토도 이루어졌다. 이에 대한 결과로 1994년부터는 고등학교까지 가정 과목이 남녀 공통 필수 과목으로 지정되었다.

1985년, 일본에서도 '남녀고용 기회균등법'이 제정되었다.

1979년, 유엔총회에서 '여성에 대한 모든 형태의 차별 철폐에 관한 협약'이 채택되고, 1981년에 발효되었다.

당시에는
같은 일을 하면
같은 임금을
받을 수 있다는
개념인
'동일노동
동일임금'※1은
당연하지 않았다.

일본 역시
남성보다
여성의
비정규직
노동자
비율이 높고,
정규직과
처우도
다르다.

그러나
지금도
세계에는
여성에 대한
차별이
뿌리 깊게
남아 있다.

나는
아이를 낳고도
지금처럼
계속
일하고 싶지만…

평균연봉
(2019년 조사)

약 3백 50만 엔

약 1백 80만 엔

※1 제2차 아베 정권의 일하는 방식 개혁 관련법(2018년 6월 성립)에 따라 동일노동 동일임금의 원칙이 기업에 도입됨

확실히 여성들이
계속해서
일할 수 있는
구조가 필요해.

육아와 일을
양립할
수 있는
사회가
되면 좋겠어.

우리
회사의
여성은
모두
그만뒀어.

1980년대,
오존층의 파괴※2가
전 지구적 문제로
발전했다.
1987년에는
프레온 규제를 위한
'몬트리올 의정서'가
채택되었다.

에어컨 등에서
방출되는
프레온 가스 때문에
오존층※2이
파괴된다고 하잖아…

요즘
환경 문제도
심각해지고
미래가
조금 불안해.

※2 오존층이 파괴되면 유해한 자외선
이 지표면에 다량으로 도달해 인
체나 동식물에 영향을 미칠 수 있음

......

우리는
어떻게 하면 좋을지,
무엇을 할 수 있을지
잠깐 멈춰 서서
생각해야겠지만…

경제가
발전한다고
사회와 생활이
반드시
좋아진다고는
할 수 없다는
거지.

그 후
장기간의
불황을
겪게 된다.

1980년대 후반
호황을 누리던
일본에도
점차 그림자가
드리워지고

1994년, 뉴욕

4월부터
일본 본사의
인사부로
이동하라는
말씀이신가요?

미안하네. 지사의 인원을 줄이라고 하니.

본사에서는 자네한테 구조조정 업무를 맡길 거라고 하더군.

자네는 오랫동안 일본에 없었기 때문에 본사 직원과도 그다지 얽혀 있지 않아 편할 거라고.

이제 곧 아이가 태어난다지?

하고 싶지 않은 일이겠지만 집안의 기둥이니 꼭 참고 분발해야지.

저라고 정리해고가 쉽겠습니까!

어째서 회사의 사정을 저한테 떠맡기시는 거네요!

어이!! 어서와 사나다.

지바 선배.

남자화장실 ↓

도쿄

얼마 전의 호황이 마치 꿈 같아.

일단 커피 한 잔 하지. 내가 살게.

인원 감축의 영향을 제대로 받았습니다.

뉴욕 지사도 힘들었나 봐.

하아ㅡ

마치 비눗방울이 터지듯이 눈 깜짝할 사이에 어처구니없이 끝났어.

부풀어 오른 거품이 한꺼번에 터졌다.

거품 경제의 붕괴였다.

1989년, 일본은행은 실체를 넘어 부풀어 오른 경제를 조절하기 위해 '금융 긴축'을 단행한다. 이때, 땅값과 주가가 모두 폭락하고 만다.

1980년대 후반부터 기업과 개인은 토지, 주식을 계속해서 사들였다. 땅값과 주가는 거품이 부풀듯이 급등했다.

탁!

거품 경제란 무엇인가?

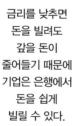

금리를 낮추면 돈을 빌려도 갚을 돈이 줄어들기 때문에 기업은 은행에서 돈을 쉽게 빌릴 수 있다.

은행

금리를 낮추면 왜 경기가 회복될까?

빌리고

기업

일본이 불황에 빠지자 국가의 요청을 받은 일본은행이 금리를 낮춰 경기 회복을 노렸다.

1985년 플라자 합의 후 '엔화 강세·달러 약세가 되면서 수출 이익이 대폭 줄었다.

일본 은행

금리

기업은 빌린 돈으로 공장을 만들거나 새로운 상품을 개발, 자기 투자를 할 수 있다.

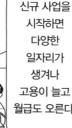

공장

신규 사업을 시작하면 다양한 일자리가 생겨나 고용이 늘고 월급도 오른다.

사람들은 다양한 상품을 구입할 수 있고 기업도 돈을 벌어들인다.

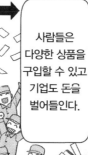

일본은 이렇게 해서 국가 경기가 회복될 것이라고 기대했다.

그러나

기업은 토지와 주식을 더 많이 사들였다.

자기 투자 따위 번거롭기만 하고, 토지와 주식만 있으면 돈을 벌 수 있지.

모두 사니까 가격은 점점 치솟고

토지

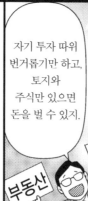

주식

부동산

샀을 때보다 두 배나 올랐어.

기업들은 빌린 돈으로 자기 투자를 하지 않고 땅과 주식을 사들였다.

토지

산 토지를 전매해야지! 돈이 돈을 낳는 시대야!

거품은 왜 붕괴했을까?

국가는 인플레이션※을 두려워해 이번에는 금리 인상을 일본은행에 요청한다.

토지와 주식이 실체를 훨씬 뛰어 넘는 금액까지 치솟자

살 사람을 잃은 토지와 주식은 가격이 단번에 폭락한다.

금리가 오르면 기업은 토지와 주식을 구입하지 않는다.

그 땅과 주식은 은행이 소유하게 되었지만

기업과 개인은 토지, 주식을 사기 위해 은행에서 빌린 돈을 갚을 수 없게 되고

쑤욱

금리

일본은행

물가 상승

토지

※ 물가가 지속적으로 상승하고 통화의 가치가 하락하는 것

은행은 불량 채권을 떠안았다.

불량채권

그러나 토지와 주식의 가격은 계속 떨어지고

은행은 바로 팔지 않았다.

조금 지나면 가격이 오르겠지.

어떤 나라에서도 어떤 시대에서도 일어날 수 있다.

이러한 거품 경제는 일본뿐만 아니라

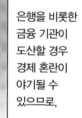

은행을 비롯한 금융 기관이 도산할 경우 경제 혼란이 야기될 수 있으므로,

공적 자금을 투입해 국가가 보호했다.

'대출 기피'였다.

더 이상 빌려줄 수 없습니다. 은행도 힘들어요.

은행은 기사회생이 필요한 기업에 신규사업 자금을 적극적으로 풀지 않았다.

거품 붕괴 이후 일본에서는 경영난에 빠진 기업이 금융 기관에 대출을 요구해도

신상품을 개발하기 위해서 새로운 기계가 필요합니다.

은행 본연의 역할을 하지 못했다.

자금이 필요한 기업에 자금을 제공하는

그 덕분에 불량 채권을 떠안고 부실 경영을 하면서 버텨온 은행은

불량채권

은행

이상

살려줘!

현실

기업

금융위기를 장기화하는 결과를 불러왔다.

은행들의 대출 기피가 일본 경제를 침체시키고

그렇구나… 안타까워. 우수한 인재인데.

그렇죠. 본인도 예전부터 계속 일하고 싶다고 했는데.

일본 본사에서는 육아 휴직을 끝내고 일할 수 있는 부서가 없다고 해서요.

귀국하는 타이밍에 아이가 태어났는데,

그러고 보니 제수씨 퇴직 했다면서?

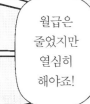

월급은 줄었지만 열심히 해야죠!

그래도 집도 샀고 아이도 생겼고

앞으로는 제 수입으로만 살아가야죠.

오래 가지 않았으면 좋겠는데.

그건 그렇고 터널 끝이 보이지 않는 불황이네요.

그… 그렇구나.

집을 샀다고? 설마?

하지만 출퇴근 시간이 왕복 4시간 이네요.

괜찮습니다. 거품이 붕괴된 이후라서 저렴하게 샀습니다.

야마이치 증권이 도산…?!

1997년

경영 파탄

증권 야마이치

위태롭다더니, 이런 대기업이 정말로 망할 줄이야.

싫어어어어

그러다 늦어!

으앙으앙 싫어

당신 얼른 밥 먹어.

스스로의 힘으로 마련하세요.

이번 달만 벌써 세 번째야! 안 돼!

뭐라고?

오늘 밤 거래처와 술자리 약속이 있는데, 용돈 조금만 더 줄 수 없을까?

다녀 오겠 습니다.

아빠 잘 다녀와.

이번 주는 삼각김밥 하나로 점심값을 절약해서 돈을 마련할게…

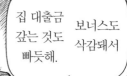

집 대출금 갚는 것도 빠듯해.

보너스도 삭감돼서

증권가의 대기업인 '야마이치 증권'이 경영난으로 자진 폐업하는 등

은행과 증권사 등 대형 금융기관의 경영 파탄이 잇따랐다.

1997년, '산요증권'이 무너졌고, 뒤이어 '홋카이도 척식은행'도 파산한다.

실업자는 무더기로 발생했다.

공공일자리

기업은 사업체의 해외 이전 재검토, 정리 해고, 자산 정리와 같은 대담한 기업 재구축을 진행했다.

금융 위기는 일본 경제 전체에 영향을 미쳤으며

③ 가격을 낮추면 기업 실적이 떨어지고 월급도 줄어듦

①로 무한 반복!

꼬옥

사세요 주세요

남은 물품

규동

4백 엔
↓
3백 50엔
↓
3백 엔

② 기업은 상품을 팔기 위해 가격을 낮춤

불안

① 고용 불안정. 미래에 대한 불안을 느끼면 사람들은 돈을 쓰지 않음

일본은 '악성 디플레이션'이 반복되면서 악순환에 빠지고 만다.

물가가 계속 하락하는 현상을 '디플레이션'이라고 한다.

이후 '잃어버린 20년'이라는 장기적인 불황에서 헤어 나올 수 없게 되었다.

명예퇴직을 희망하는 사람도 명단에 올려 놨어.

이게 정리해고 대상자 명단이야.

인사팀

아 네.

사나다 군 잠깐 괜찮은가?

꼭 하고 싶어요!

코이치가 육아와 집안일을 반만 해준다면야.

아까 전화했어.

네엣? 벌써요? 완전 빨라.

아하하, 그녀답네요.

…그러니까 사나다 군! 이제부터는 육아와 가사 힘내서 함께 해!

IT기술이 단번에 발전, 보급되며 '직장의 IT화'가 진행 되었다.

1995년, 미국의 '마이크로 소프트'사가 Windows95를 출시하자

저도 변해야죠!

저와 쿄코 둘 다 지바 선배님의 회사로 가겠습니다.

네!

육아도 집안일도 열심히 할게요!

일본을 포함한 전 세계의 비즈니스가 변화하는 시기였다.

경제 확장은 한층 더 세계를 향해 뻗어 나갔다.

새천년과 함께 IT혁명의 물결이 전 세계를 뒤덮고

세계경제의 구조를 크게 바꿔 나갔다.

[잠깐!] 사나다, 지바, 와타나베, 브라운은 실존 인물이 아닙니다.

안정된
정치
아래에서
경제 성장을
이뤘지만

일본은
1955년부터
자유민주당이
집권해

제 3 장 동아시아에 퍼지는 민주화의 열망

1961년,
5·16
군사정변을
일으키고

이를 주도한
군인
'박정희'가
1963년,
대통령으로
취임했다.

일본이
성장했으니
대한민국도
할 수
있습니다!

박정희
대한민국 대통령

일본과
이웃한
대한민국은

1960년대 초반까지
국내총생산(GDP)이
북한보다 낮았다.

하지만

8억 달러*의 막대한 기술·자금 원조를 받게 되었다.

당시 대한민국 국가 예산의 두 배 이상에 해당하는

일본과의 국교를 정상화하고

대한민국은 1965년, 한일기본 조약을 체결하고 식민지 지배에 대한 대일 청구권을 포기한다.

※ 무상 3억 달러, 정부 차관 2억 달러, 민간 차관 3억 달러

일본처럼 점점 수출을 늘릴 것이다!

일본이 배상한 돈으로 인프라를 정비하고 공업을 활성화해서

외국 자본도 적극 도입하자!

외국기업

Come on!

Come on!

외국기업

이 기회를 놓칠 수 없다!

베트남 전쟁의 장기화로 한국에 '특수(特需)'가 일어나고 있다!

박정희는
강력하게
주장했다.

국가의
이익 확보를
최우선으로
하기 위해

반대
의견에
귀를
기울일
필요 없다.

이에 따라
수출을
목표로
공업화를
추진한
대한민국은

내 뜻대로
정책을
추진하겠다!

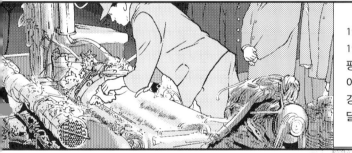

1967년부터
1971년에 걸쳐
평균 9.6%에
이르는
경제 성장을
달성했다.

이후,
급속하게
근대화가
추진되었다.

사람들은
대한민국의
경제 성장을
서울에 흐르는
강 이름을 따서
'한강의 기적'
이라고 불렀으며

박씨
신입 공사 작업자

불쑥

와글

와글

콰앙

콰앙

1970년, 대한민국 서울
어느 공사 현장

쨍그랑

대학교에
다니는
지식인은
다르구만.

달그락

그만 둬.
힘들게 산
책이야…
돌려줘!

그만두지
않겠나?

밥
먹다가도
책을
보다니.

130

131

국민에게 이로운 일일까?

국민의 권리를 제한하면서 경제를 발전시키는 것이

사물의 한 면만 보는 것은 좋지 않다는 거야.

다른 아시아 국가들 좀 봐.

일단 나라가 잘사는 게 먼저니까.

그… 그건 지금은 어쩔 수 없는 일이야.

빠른 개혁을 통해 나라를 성장시키고 있어!

그들도 독재라고 할 만큼의 강력한 정치 권력으로

1965년 필리핀에서는 '페르디난드 마르코스'가

페르디난드 마르코스
필리핀 대통령

1968년 인도네시아에서는 '수하르토'가 대통령이 되었어.

수하르토
인도네시아 대통령

태국에서도 몇 번이나 군사정권이 탄생했단 말이야!

대만 국민당도 독재정치를 계속하고 있고

독재는 어쩔 수 없다는 건가….

경제만 우선시하며 민주화를 억눌러 독재하는 방식을 '개발독재'라고 한다.

독재자를 선택하거나 받아들이기도 해.

각 나라의 국민 대다수는 나라의 번영을 위해

그래서 부모님을 설득해 서울에 있는 대학교에 들어간 거야.

난 청와대에 들어가서 박 대통령 님 밑에서 일하고 싶어.

아시아가 유럽과 미국에 바짝 다가갈 정도로 발전하려면 강력한 리더십이 필요해.

…그렇구나. 훌륭한 마음가짐 이야.

134

나는 나중에 식당을 차리고 싶어.

그 자금을 모으기 위해 일하는 거야.

장래희망이 뭐야? 정치에 꽤 밝은 것 같은데.

하하하, 난 그냥 신문 읽는 걸 좋아할 뿐이야.

서울에 친구가 생겨서 너무 기뻐.

응. 고마워!

괜찮다면 또 밥 먹으러 와.

대학교 라…

135

말레이 반도 끝에 있는 작은 도시 국가로 원래 영국의 식민지였으나

35살의 젊은 나이에 수상으로 취임한 중국계 출신 '리콴유'가 싱가포르를 아시아의 강국으로 성장시켰다.

싱가포르

리콴유
싱가포르 자치주 총리

아시아의 성공적인 발전 사례는 싱가포르였다.

그 후 나는 청와대에 들어가는 꿈을 이루기 위해 아시아 정치에 대해 공부했다.

말레이계와 중화계의 민족간 대립이 거세지면서 1965년, 싱가포르는 말레이시아 연방에서 탈퇴해

중화계 민족을 중심으로 한 도시국가로 독립했다.

1959년, 싱가포르는 자치령이 되고 그로부터 4년 뒤인 1963년에 말레이시아 연방에 속하는 형태로 영국에서 독립했다.

136

리콴유는 강한 의지를 가지고 국가 발전을 위한 정책을 추진했다.

싱가포르의 번영을 위해서라면…

독재자라고 불려도 상관없다!

작은 섬나라가 살아남으려면 다른 나라 못지 않게 경제를 발전시켜야 한다.

싱가포르는 동남아시아의 무역·금융 중심지가 되었다.

관광 사업 증진 정책으로 환경 미화에도 힘을 쓰자.

나아가 자유무역을 추진해 공업·관광업·서비스업 등을 주요 산업으로 발전시켜

시장 경제를 채택해 외국 자본을 적극 유치하고

자원이 없는 소국의 강점을 제대로 살렸어.

대단해!

그 결과 1인당 국내 총생산이 세계에서 손꼽힐 정도다.

1976년, '마오쩌둥'이 사망한 뒤 '화궈펑'이 그의 방침을 계승했으나

경제 정책에 실패해 실각한다. 이후, '문화대혁명'으로 실각했던 '덩샤오핑'이 복권된다.

사회주의 국가인 중국에서는 공산당의 일당독재가 이어졌다.

고마워.

오늘도 공부 힘내.

중국의 사회주의는 계속될까 …?

공부하면서 중국의 미래에 대해 생각하고 있었는데,

덩샤오핑

개혁·개방 노선을 추진해 '네 개 현대화'를 실현합시다!

문화대혁명이 종결된 이듬해 1978년. 베이징 인민대회당

각지에 경제특구를 설치하고 외국자본을 도입해 상공업을 활성화했다.

이에 따라 사회주의 체제는 유지하면서 시장경제를 도입하기에 이르렀다.

경제특구

'네 개 현대화'란 공업이나 과학기술, 국방, 농업을 비약적으로 발전시키는 것을 의미한다.

138

짝 짝

중국 경제를 자유화하고

시장경제를 도입해 이익을 추구해야 합니다!

이것을 기점으로 중국 경제는 성장 궤도에 올랐다.

생산량에 비례해 소득을 얻는 '농가청부생산 책임제'를 도입, 농민들의 생산 의욕이 향상될 수 있도록 했다.

농업에서는 '인민공사'를 해체하고

짝

이야! 식당 개업 축하해!

식당

1978년. 서울

140

경제를 우선시 해야 한다는 뜻이구나. 국민을 잘 살게 하기 위해서는

덩샤오핑은 진심으로 나라를 부유하게 만들고 싶을 거야.

미군이 주둔한 자본주의 국가, 대한민국과 소련·중국의 영향권에 있는 사회주의 국가, 북한으로 말이야.

이념이 다르다는 이유로 한반도도 두 나라로 나뉘었어.

하지만 사회주의 국가들이 자본주의 경제를 도입하기는 어렵겠지.

그러나 잘 되지 않아 70년대 말에는 GDP가 감소했어.

경제발전을 이루기 위해 1976년에 제2차 5개년 계획을 책정했어.

사회주의 국가로 통일된 베트남은

같은 사회주의 국가 베트남도 지금 상황은 힘들어.

1975년에 베트남 전쟁이 끝나고 이듬해 1976년에 남북통일이 이뤄지면서 베트남 사회주의 공화국이 수립되었지만

141

아….

베트남의 경제는 좋아지지 않았으니까.

집단 농업이 뿌리내리지 못했고, 공업화에도 실패했어.

정부는 사회주의 체제와 계획 경제를 추진했지만

자본주의 경제를 도입하게 되었다.

베트남도 계획 경제에 집착해서는 안 된다.

응우옌반린
베트남 공산당 서기장

이후 1986년 12월, 점점 나빠지는 소련의 경제와 중국의 경제 자유화에 영향을 받아 베트남도 방침을 전환한다.

아시아에서는 사회주의 국가도 경제 성장을 달성해 나갔다.

일당독재를 지속해 나가며 완만한 시장개방과 외국인 투자 도입을 촉진하는 것으로 경제 성장에 성공했다.

그는 '도이 머이'* 라는 슬로건을 내걸고 개혁 노선을 단행했다.

※ 변경, 쇄신이라는 뜻의 베트남어

있잖아
…

다음에
또 보자!

그래.
대통령을
위해
열심히 일 해.

오랜만에
이야기를
나눠서 너무
좋았어.

식당

어…?

왜?

이유는
머지않아
알게
될거야….

내 가게에는
자주…
오지 않는 게
좋겠어.

공무원을
계속하고
싶다면

그리고
그동안에
많은 사실을
알게 되었다.

털
썩

아 네.

빨리
금지시켜.

또
대통령을
비판하는
신문
기사야.

소근

소근

이 서류
정리해 놔!

그 후로
한동안 바빠서
좀처럼 가게에
갈 수가 없었다.

청와대

143

반대파를 잡아서 고문하거나 누명을 씌우고 언론에 대한 비정상적인 탄압까지….

자신이 평생 대통령으로 남을 수 있게 헌법도 바꿔 버렸다.

대통령은 청렴한 사람이라고 말하지만 실은 많은 재물을 축적했다.

하지만 …

어쩔 수 없는 일인 거야.

개발 도상국에서 어느 정도의 독재는 불가피해.

중동의 이라크도 미국의 지원을 받아 군사 대국화의 길을 걸었어.

사담 후세인
이라크 대통령

칠레 등 중남미 국가들도 미국의 지원을 받아 독재를 지속하고

확실히

아우구스 피노체트
칠레 대통령

희생되는 사람은 언제쯤 없어질까?

독재로 발전하는 나라의 그늘 속에서

144

발행 금지

빳
락!

어라?
신문 기사를
쓴 사람은…

1979년, 청와대

따
다
다

늦었다….

대통령은
측근인
김 부장과
만찬
중이시다.

저…
서류 받으러
왔는데요.

만찬
이라…

따!

까악!

1979년 10월 26일

박정희는 만찬 도중

당시 중앙정보부 부장, '김재규'의 총에 맞아 사망한다.

박 대통령이 암살 당했다!

범인은 측근 김재규다!

대통령이 암살…?!

암살 동기는 나아가지 않는 민주화에 대한 반발과 대통령을 비롯한 다른 측근에 대한 불만 등 여러 해석이 있지만

김재규와 그의 부하들은 이후 사형되고

대통령 대행을 맡은 국무총리, '최규하'가 그대로 대통령에 취임한다.

…두려운 마음에 반대파를 그토록 탄압하던 독재자가

가장 신뢰하던 오랜 동료이자 측근에게 살해되다니 참 얄궂은 일이야.

몇 달 뒤

식 당

오지 말라고 했는데…

미안.

……

자료실

유명 언론인인 네 아버지가 반정부 활동을 했다는 혐의로

일 때문에 우연히 알게 됐어.

너에 대해서 ….

그리고 네가 남은 식구들을 먹여 살려야 했다는 걸….

박 대통령에 의해 감옥에 갇힌 일.

공무원을 계속하고 싶다면 내 가게에는 오지 않는 게 좋겠어.

나를 배려해 준 거구나.

처음 만났을 때 네가 말한대로 나는 사물의 한 면만을 보고 있었어.

미안 하다.

…경제적 발전의 이면에서 박 대통령은

반대파를 감시하고 체포·고문으로 억눌렀어.

글쎄.

하지만 분명한 건 민주주의를 억압해서는 안 된다는 거야.

우리나라는 앞으로 어떻게 될까?

…괜찮아.

이렇게 다시 만나서 정말 기뻐.

군사 독재 정권의 부활을 경계하는 학생들과, 생활 향상을 요구하는 노동자들의 대규모 시위가 벌어졌다.

1980년 3월부터 5월까지 서울에서는

독재가 아닌 민주화를!

12·12 군사 반란을 일으켰다. 쿠데타였다.

암살 직후 1979년 12월, 전두환을 비롯한 군인들이

나도 참가할게.

앗?!

그렇게 된다면 대한민국은 더욱 성장할 것이다!

동유럽 체코슬로바키아에서 '프라하의 봄'이라는 민주화 운동이 일어났듯이

우리나라에서도 민주화에 대한 열망이 피어나야 한다.

'서울의 봄'
이라고
했다.

박정희 사후,
대한민국에서
일어난
민주화 운동을

하지만
…

괜찮아?
공무원이
….

사표
내고
왔어.

광주에서
일어난 시위에
전차를 투입해
무력 진압했으며,
많은 시민이
희생되었다.
이를 5 · 18 광주
민주화 운동이라고
부른다.

같은 해 5월
신군부는
'비상 계엄령
확대 조치'를
단행했다.

민주화는
좌절되었고,
대한민국에는
또다시
군사 독재
정권이
수립된다.

쿠데타를
일으킨
전두환은
그해 9월,
대통령에
취임했다.

이 나라는 언제까지 독재가 이어지는 거야!

탕!

정부는 야당 정치인을 체포·연금하고

민주화 운동에 참여한 김대중에게는 사형 판결※이 내려졌어!

김대중
대한민국의 국회의원

※ 이때 사형 선고를 받았으나 후에 감형되고, 1998년에 대통령이 됨

한국도 그 영향을 받겠지.

…다른 아시아 국가들에서 일어나는 민주화의 열망을 막을 수 없어.

이런 나라에 미래가 있을까?

거역하는 자는 사형 이라니.

그리고 이 나라의 사람들도 세계에서 일어나는 일을 알았으면 좋겠어. 그러려면…

나는 좀 더 세계를 알고싶어 ….

필리핀의 민주화·반정부 운동은 점점 고조되고

1983년, 민중 운동의 리더였던 베니그노 아키노 2세가 암살당하자

1980년대에 들어서도 필리핀에서는 마르코스가 독재를 계속하고 있었지만

마닐라에서 열린 시위에는 백만 명이 모여 '피플 파워'이라는 혁명을 일으켰다.

1986년 2월

베니그노 아키노 2세의 아내 '코라손 아키노'가 리더 자리에 올랐다.

찰칵

찰칵

찰칵

아키노가 새로운 대통령이 되었다.

군부 또한 민중 측에 섰고 배신당한 마르코스는 미국으로 망명했다.

찰칵

찰칵

찰칵

필리핀 혁명의 성공은 아시아에 큰 영향을 불러일으킬 거야.

나는 카메라맨이 되어 그 물결을 담아내겠어.

부우우우웅

세계 민주화의 물결….

대한민국에서도 민주화·반정부 운동이 다시 고조되고 있어.

153

이 시기에도 대한민국의 경제 성장은 계속되었고

1988년에는 서울 올림픽을 개최했다.

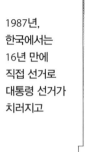

1987년, 한국에서는 16년 만에 직접 선거로 대통령 선거가 치러지고

'전두환' 대통령을 보좌하던 '노태우'가 당선됐다.

노태우
대한민국 대통령

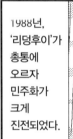

1988년, '리덩후이'가 총통에 오르자 민주화가 크게 진전되었다.

리덩후이
대만 총통

'장제스'와 그의 아들 '장징궈'의 정권이 끝나고

한편, 대만 에서는

대만의 본토화※ 민주화가 진행 되었다.

※ 중국 본토의 제도에서 벗어난 대만을 자국 본토라고 생각하는 노선

이는 1945년부터 지속된 국민당 정권이 아닌 첫 정권 교체로

2000년 총통 선거에서는 야당 민주진보당의 '천수이볜'이 당선되었다.

1996년에는 처음으로 총통 직선제가 시행되고 리덩후이가 재선되었다.

154

전형적인 개발 독재 국가인 인도네시아에서는

1998년, 공업화를 추진하던 수하르토 정권이 아시아 금융 위기를 계기로 무너지고

정치범 석방, 언론·결사 자유화, 선거제도 개혁, 지방분권, 국군 개혁 등이 추진되었다.

사회주의 국가 몽골에서도 1989년부터 90년에 걸쳐 무혈 민주화 혁명이 일어났으며

몽골인민공화국
↓
몽골국

그 결과로 복수 정당제와 대통령제가 채택되었다.

무역 자유화와 소련군의 철수도 이뤄지고

1992년에는 사회주의 체제를 포기했다.

군부 세력이 정권을 잡은 버마※에서는 1988년, 학생들을 중심으로 민주화 운동이 일어났지만 군대가 이를 탄압했다.

※ 지금의 미얀마

그러나 2011년에 민주주의 정권이 들어섰으며 2015년, 총선거를 실시했다.

이듬해 2016년 민족민주연맹이 정권을 잡고 당수였던 '아웅산 수치'가 국가고문이 되었다.

1990년, 왕정 국가였던 네팔에서는 민주화 운동이 일어나면서 신헌법 제정과 총선거가 실시되었다.

그러나 국왕과의 대립으로 내전이 심해졌다.

2008년, 왕정이 폐지되고 네팔연방 민주공화국이 수립되었다.

빈곤과 억압에 시달리는 민중의 해방, 구제를 지향하는

라틴아메리카에서는 1959년, 쿠바 혁명 이후에 가톨릭 신도에 의해

'해방 신학' 사상이 널리 퍼졌다.

민주화의 물결은 아시아뿐만 아니라 라틴아메리카에서도 일고 있었다.

인권 억압과 빈곤에 대한 불만이 점점 쌓여가면서 군사 독재 정권을 퇴출시키고 선거에서 선출된 정권으로 교체하는 '민정 이양'이 속출했다.

민주화를 추진해야 한다!

그러나 1980년대에 쌓여가는 나랏빛으로 경제위기가 일어나자

LUZ, FUERLI

미국의 개입에서 벗어나 자립하자!

이러한 운동은 한동안 탄압 받았으며 빈부 격차도 심해졌다.

1970년, 사회주의 체제로의 변화를 두려워한 세계 각지의 국가들은 미국의 지원을 받아 군사정권을 수립했다.

1982년, 볼리비아에서도 민정 이양이 진행됐다.

1990년, '알베르토 후지모리'가 대통령에 취임해 테러 대책을 세우고 경제 문제에 대처하면서 국정을 안정시켰다.

1980년, 페루에서 민정 이양이 이루어졌고

민정 이양이 이루어졌다.

'아우구스토 피노체트' 대통령이 1990년에 실각하고

칠레에서는 1974년부터 친미 군사정권을 이어오던

아시아와 라틴아메리카의 모든 나라가 민정 이양으로 민주화를 이루지는 못했다.

그렇지만

이에 대해 민중의 대다수는 불만을 토로했다.

중국 공산당에 의한 일당독재 체제는 바꾸려고 하지 않았다.

중국은 개혁과 개방으로 경제 성장을 이루었지만

민주화를 요구하는 목소리가 거세졌다.

인권과 민주주의를 중요하게 생각했던 그의 추모 집회가 베이징의 '천안문 광장'에서 열렸고,

1989년 4월 전 공산당 총서기 '후야오방'이 사망했다.

우오오오오

정부는 민중의 인권을 보호해라!

이윽고 백만 명 규모의 시위대가 천안문 광장을 가득 메웠다.

공산당 관료의 부패를 없애라!

빈부 격차를 개선하라!

민주화를 요구하는 대규모 시위로 번졌다.

찰칵

찰칵

많은 학생과 노동자가 광장에 모여

찰칵

찰칵

시위는 대도시에서 중도시까지 전국으로 확산되었다

시위대는 광장을 점거하고 단식투쟁*을 벌였으며

※ 요구를 관철시키기 위해서 음식을 먹지 않고 시위하는 일

와아

두두두두

두두

까아

이에 중국 정부는

시위를 폭동으로 단정하고 인민 해방군을 동원했다.

160

10여 일간의
대치 끝에
6월 3일
심야부터
4일에 걸쳐
무력 진압이
이루어졌다.

이것이
'천안문
사태'다.

천안문 사태로
많은 시민이
희생되었으나

진상은
아직까지
밝혀지지
않았다.

중국은
자본주의
경제는
잘 받아들이
면서도

민주화 운동은
철저하게
탄압하며
공산당의
독재를 지켰다.

그 결과
중국은
서방 국가들의
제재를 받지만

이후에도
공산당
정권은
계속되었다.

마카오
홍콩

1989년
11월에
덩샤오핑이
은퇴하고

'장쩌민'이
국가주석
자리에
올랐다.

1997년,
영국의
홍콩 반환과

1999년,
포르투갈의
마카오 반환은
'일국양제*'의
도입으로 실현했다.

※ 중국 본토에서 분리된 영역으로 일정한 자치를 인정하는 제도

그 후
국가주석이 된
'후진타오'
시대에는

이 해에는
중국이
일본의 GDP를
앞지르고
세계 2위의
경제 대국으로
성장했다.

2010년
에는
상하이
엑스포가
개최
되었다.

2008년,
베이징
올림픽

그 해 민주화에 힘쓰던 야당 정치인 김영삼이 대통령에 취임하면서

1993년 서울

32년 만에 군인이 아닌 일반인 출신의 대통령이 탄생했다.

김영삼
제14대 대통령

오랜만이야.

시간은 걸렸지만 대한민국의 정치도 민주화에 다가섰군.

드디어 군인이 아닌 대통령... 문민정부의 탄생인가.

국외취재가 많았거든. 서울은 오랜만이야.

이제 어엿한 카메라맨이 되었구나!

오옷!

최근 서울도 국제화에 힘쓰고 있으니까.

네 가게도 꽤 훌륭해졌네.

외국인 노동자도 많이 와.

1970년대 이후 아시아는 말 그대로 격동이었어.

70년대 후반 동남아시아 국가연합※2 (ASEAN)

그리고 80년대 후반의 중국.

60년대의 일본

70~80년대에 공업화와 수출로 경제를 키워 아시아의 NIES※1이라 불리는 한국, 홍콩, 대만, 싱가포르.

하지만 경제 성장의 이면도 있었어.

※1 신흥 공업 경제 지역
※2 1967년에 결성된 동남아시아 국가들의 지역협력기구

점차 부가가치가 높은 제품을 만들면서 경제 성장을 이어갔어.

선진국의 하청 생산과 수출용 제품의 부품 조립부터 공업화를 시작했고,

이 국가들도 싼 노동자의 임금을 이용해

1990년대까지
동아시아와
동남아시아
국가들은
미국, 유럽, 일본의
투자를 받아
경제 성장을
이뤘다.

2년 전인
1991년부터
불경기에
진입했다.

그러나
일본에서는
거품 경제가
붕괴되고

1995년부터
미국이
달러 강세
정책을
취하자

아시아 각국의
통화 가치가
잇따라
상승했기 때문에
수출이
부진했다.

그
불안은
적중
했다.

'기적'은
오래
갈 수가
없어.

아시아
전체가
불경기에
빠지지
않았으면
좋겠는데….

총선 후 새로운 대통령 '압두라만 와힛'이 선출되었어.

33년간의 독재를 이어온 수하르토 대통령은 사임했어.

위기 대처 능력이 없는 정부에 대해 국민의 불만이 높아지고

도대체 어디까지 번지는 걸까.

독재자도 무너뜨리는 금융 위기…

2001년에는 아르헨티나에서도 금융 위기가 일어났다.

1999년, 브라질과 칠레

1998년, 러시아

중남미에서는 미국의 영향 아래 신자유주의 경제가 도입되면서 민중의 불만이 높아졌다.

디폴트※2는 피했다.

도와줘!

브라질은 장기 부채 문제와 금융 위기에 시달리다 IMF※1(국제통화기금)에 원조를 요청해

※2 채무 불이행

※1 국제금융 및 환율 안정화를 위해 설립된 국제금융기구

빈부격차 확대, 미국 주도하의 경제에 대한 반발이 일어나고

정부는 미국의 꼭두각시냐!

부자와 가난한 사람의 격차가 계속 벌어지기만 한다.

1999년, 베네수엘라에서는

아시아·중남미는 금융 위기를 극복해 나갔다.

이런 흐름 속에서

빈부 격차를 없애고 사회주의 국가와 사이좋게 지냅시다.

빈민의 구제를 내걸고 석유 국유화로 사회 보장을 충실하게 시행해 국민의 지지를 얻었다.

베네수엘라 육군 출신의 '우고 차베스'가 대통령에 취임하며 반미 좌익정권이 탄생했다.

최근에는 남미의 경제 대국이 되었다.

2005년에는 누적채무를 극복하고 이후 경제는 계속 성장해

브라질은 1980년에서 1990년대 초반에 걸쳐 대외채무위기를 겪었으나.

위기를 겪을 땐 국경을 뛰어넘어 서로 돕자.

또한 아시아 금융 위기에 대한 반성으로

아시아에서는 통화 협력 체제가 갖춰졌다.

이로써 아시아 경제 대국의 대열에 들어섰다.

1990년대 후반부터 인도가 IT산업 중심의 비약적인 경제 성장을 이뤄냈으며,

그 결과

세계 경제의 중심을 변화시키고 있었다.

아시아와 라틴아메리카는 경제를 발전시키는 데 성공하며

미국과 유럽 국가들은 1970년대 이후 호황을 유지하기가 어려워졌지만

'인도 태평양' 이라고 부를 정도로 하나가 되었다.

바다를 보면 인도양과 태평양에 물류가 집중되고

바야흐로 아시아에는 세계 인구의 절반 이상이 살아가고 있다.

그러겠지.
중국도 인도도
초강대국
이고….

하지만
…

21세기
세계에서
아시아는
더욱 발전해
나갈거야.

비슷한 과제를
안고 있는
사람들과
협조해 나갈 수
있다면
좋을 텐데.

환경 문제나
마음이
여유에
대해서도

디베드와
위구르족
등의
소수 민족에
대한 억압도
명백해졌어.

중국에선
지금도
천안문
사태를
언급하는
것조차
금지되는
일이고.

빈곤과
소득 격차는
어떤 나라도
아직
해결하지
못했어.

172

답을
찾아냈고
그때마다
성장해왔지.

고민하고
좌절하고
피를
흘리며…

할 수
있어.

지구에 사는
사람들이
협력하기만
한다면….

우리에게는
그
자부심이
있잖아.

이 국제 회의는
세계가 풀어야 할
숙제를
폭넓게 논의하는
장이 되었다.

2008년부터는
이들 국가를 포함한
주요 20개국이
G20을 개최했고.

1999년부터
인도 등 신흥 11개국과
유럽연합(EU)이
참가하게 되었다.

이름 그대로
선진 7개국이 모여
세계 경제를 논의하는
국제 회의 'G7'은

[잠깐!] 박 씨와 김 씨는 실존 인물이 아닙니다.

제

④

장 통합으로 향하는 유럽

1993년에
탄생한
유럽연합,
EU는

유럽의 경제와
통화, 정치를
통합하기 위해

EU 본부 빌딩 벨기에 브뤼셀

유럽 국가들은
제2차 세계대전 이후
동서 냉전 속에서도,
국가 간의
대립을 막고
강대국에 대항할
방법을
찾기 시작한다.

그 결과
여러 국가가
연합한
공동시장과
공동체가
출범했으며

핀란드

스웨덴

에스토니아

라트비아

덴마크

리투아니아

네덜란드

독일

폴란드

벨기에

룩셈부르크

체코

슬로바키아

오스트리아

헝가리

슬로베니아

루마니아

크로아티아

불가리아

이탈리아

그리스

몰타

키프로스

174

유럽 통합의 계기가 된 인물이 프랑스의 '장 모네'였다.

성립 되기까지 긴 고난의 여정이 있었다.

유럽기

두 번의 세계대전으로 유럽 전체가 초토화됐다.

EU 회원국 (2020년 기준)

이는 훗날 EU로 이어지는 지역통합을 향한 기반이 된다.

아일랜드

프랑스

포르투갈

스페인

장 모네
프랑스의 사업가·정치인

프랑스 주조 업자의 아들로 태어나

사업가로 젊은 시절부터 세계를 누빈 모네는

해외에서 얻은 풍부한 경험과 뛰어난 행동력을 발판 삼아 외교의 세계로 뛰어들었다.

제2차 세계대전 이후에는 경제 관료로서 프랑스의 산업 부흥 계획을 세웠다.

1919년부터 1923년까지 '국제연맹'의 사무차장직을 맡기도 했다.

프랑스 재무부

내 나라 프랑스는 독일과 여러 차례의 전쟁을 치렀다.

그리고 그것이 번번이 큰 전쟁의 발단이 되었다.

먼저 독일과 프랑스가 다시는 전쟁을 하지 못 하도록 기틀을 마련해야 한다.

그렇게 하지 않으면 비참한 전쟁이 다시 일어날 수도 있다.

나는 경제의 힘으로 전쟁을 저지하고 싶다.

모네는 전쟁 이후 곧바로 '모네 플랜'을 세웠다.

'모네 플랜'이란

독일의 중공업을 해체해 그 원료 생산지를 프랑스 관리 하에 두고

그것들을 유럽 경제 부흥에 사용하려는 계획이었다.

서독

동독

대서독 정책 재검토를 요구하며 프랑스를 압박했다.

독일과 프랑스의 협조를 바랐던 미국은

서독에서 경제 부흥이 시작되자

동서 냉전의 시대, 서독의 부흥을 도와 서방으로 편입시키고 싶다…

딘 애치슨
미국 국무장관

**1949년 9월
미국 워싱턴 D.C.**

루르 지방

그렇소.

서독의 중요한 탄광 지대, 루르 지방과 자르 지방을 어떻게 할 것인지

우리 프랑스에서 생각하라고 …?

자르 지방

독일 패전 후 루르 지방은 연합국이

자르 지방은 프랑스가 통치하고 있으나

이에 대응한 프랑스의 쉬망은 이후 '유럽연합의 아버지'로 불리게 되었다.

로베르트 쉬망
프랑스 외무장관

프랑스에서 수정안을 만들어 주면 좋겠어요.

내년 런던에서 열리는 회의 때까지

이대로라면 독일·프랑스 사이에서 또 대립이 일어날 수도 있어요.

……

서독은 이 일에 불만을 가지고 있습니다.

우리 영토가 프랑스에 빼앗겨 있다니!

서독 국민

우리 나라가 자르 지역을 관리하는 한 받아들이지 않을 것이다.

미국은 서독 편에 서 있다.

1950년 프랑스 외무부

쉬망 외무장관님 잠깐 시간 괜찮습니까?

똑똑똑

아 모네가?

서독과 전 세계가 받아들일 수 있는 안이라… 음….

하지만 서독에 루르와 자르 지역을 돌려주고 그 자원으로 다시 강대해진다면?!

어떤 정부에도 속하지 않는 독립적인 기관이어야 합니다.

그리고 그 국제기구는

모네 씨.

독일

로렌

알자스

프랑스

난 말이야, 제1차 세계대전 이후 독일이 프랑스에 반환한 로렌 지방 출신이라네.

그렇군. 누구도 자원을 소유하지 않고 공동으로 관리하겠다는 말이로군.

두 나라의 대립에 줄곧 농락당해 왔다네.

이른바 '독일계 프랑스인' 인 셈이지.

많은
기자가
모인
가운데

1950년
5월 9일
프랑스
외무부

실행해야
합니다!

이제는
단순한
논의를
할 때가
아니라

쉬망은
프랑스 외무부의
'시계홀'에서
기자회견을
열었다.

서독의 석탄과 철강뿐만 아니라 프랑스의 자원도?

공동 관리…?!

?!

그날의 발언을 '쉬망 선언' 이라고 하며

그가 발표한 계획을 '쉬망 플랜' 이라고 부른다.

유럽의 다른 국가들이 자유롭게 참여할 수 있는 기구를 만들어

프랑스와 서독이 생산하는 석탄, 철강을

공동으로 관리할 것입니다!

186

서독은 쉬망 플랜을 받아들인다.

콘라트 아데나워
서독 수상

각국에서 찬반양론을 일으켰지만 서독은 이 계획을 받아들여 프랑스의 동반자가 되었다.

쉬망 플랜은

거기에 계속 집착한다면 양국의 싸움이 끝나지 않을 것이다.

그러면 자르 지역의 독일 복귀가 멀어지지 않을까요?

서독 수상 관저

서독은 항상 다른 나라의 감시 아래에서 석탄과 철강 무역을 해야 했다.

빤 ～ 히

제2차 세계대전 이후 미국·영국·프랑스·베네룩스 3국이 설립한 '루르 국제 통치령'에 의해

루르 국제 통치령의 경제 통제를 철폐하고 경제 주권을 확립해

서독의 부흥을 달성한다!

재군비를 가능하게 하고

이 플랜이 우리나라에 이익을 가져다 줄 것이라고 생각하지 않는다!

어니스트 베빈
영국 외무부 장관

한편 영국은 맹반발 했다.

사전에 아무런 언질도 없이 이렇게 발표를 하다니.

영국 외무부

쉬망 플랜의 참가를 미뤘다.

영국은 국가의 주권 일부를 국제기구에 이양하는 것을 받아들이지 않고

블레어 하우스＊

그리고 미국은

※ 당시 백악관은 보수 공사 중이었으며 트루먼은 블레어 하우스에서 집무를 보고 있었음

소련과 함께 동방 국가의 일원이 되었습니다.

동독.... 독일민주공화국은 사회주의 국가가 되어

베를린

서독 동독

프랑스 — 소련
영국
미국

음....

프랑스와 서독이 협력한다는 것은 좋은 일입니다.

... 좋습니다.

설립된 공동체에 대한 가입도 허용해

쉬망 플랜을 지지하고

유럽에 사회주의가 물드는 것을 막읍시다!

해리 트루먼
미국 대통령

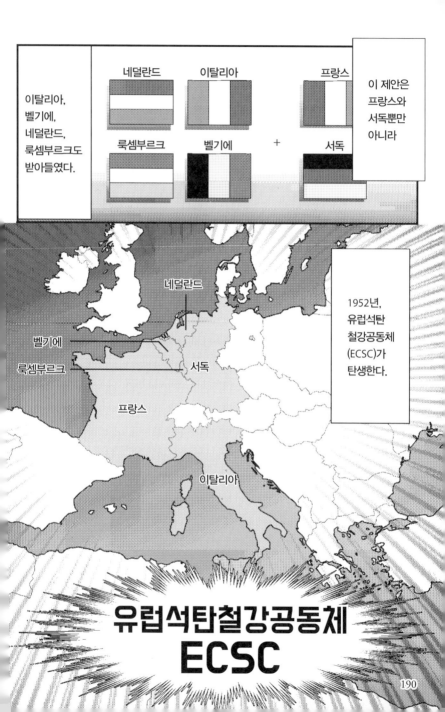

이탈리아, 벨기에, 네덜란드, 룩셈부르크도 받아들였다.

네덜란드

이탈리아

프랑스

이 제안은 프랑스와 서독뿐만 아니라

룩셈부르크

벨기에

+

서독

네덜란드

벨기에

룩셈부르크

서독

프랑스

이탈리아

1952년, 유럽석탄 철강공동체 (ECSC)가 탄생한다.

유럽석탄철강공동체
ECSC

ECSC의
최고기관
초대
위원장은
모네가
맡게
되었다.

여기서
석탄철강
공동체의
설립을
결정한다!

1952년
ECSC
회의장

이것으로
유럽의 평화를
유지할 수 있다…
유럽 부흥과 발전을
추진한다!

마침내
프랑스와
독일의 대립을
저지하는
기틀이
마련되었다.

원자력 공동 개발과
관리를 목표로 하는
유럽원자력공동체,
EURATOM을
설립했다.

공동 시장 형성을
목표로 한
유럽경제공동체
EEC와

그 후 1958년,
ECSC의 6개국
프랑스 · 서독 ·
이탈리아 · 벨기에 ·
네덜란드 ·
룩셈부르크는

저야말로 잘 부탁 드립니다.

좋은 관계를 만듭시다.

트루먼 대통령.

회의에 참가한 서독 수상 '아데나워'는 친미 노선임을 밝혔다.

서방 국가의 일원으로 북대서양 조약기구 NATO에 가입이 인정되어

1955년, 주권 회복과 동시에

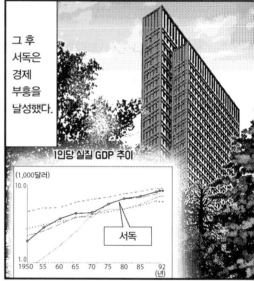

그 후 서독은 경제 부흥을 달성했다.

1인당 실질 GDP 추이

(1,000달러)

10.0

서독

1.0

1950 55 60 65 70 75 80 85 92 (년)

1956년, 재군비도 시작되었다.

영국으로 망명해
독일군에 저항을
호소했으며,
파리 귀환 후에는
임시 정부의
수상이 되어
전쟁 이후 통치를
담당했다.

그는 제2차
세계대전에서
프랑스군이
독일군에
지는 상황에서도
항전을 주장했다.

그 후
1959년
프랑스에서는
샤를 드골이
대통령에
취임했다.

10년에
걸쳐
장기
정권을
유지했다.

샤를 드골
프랑스 대통령

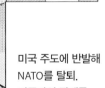

프랑스

미국에
따르지
않겠다!

지금까지의
서독 적대
관계를
개선하고

유럽 통합을
추진함과 동시에
국가의 주권은
유지한 채
각 나라와의
평등한 통합을 목표로
독자적인
외교를 펼쳤다.

미국 주도에 반발해
NATO를 탈퇴.
미국과의 관계를
중시하는 영국의
EEC 가입도 거부했다.

1967년 6월
벨기에
브뤼셀
EEC 이사회

베를레몽 빌딩
브뤼셀

유럽공동체
EC

[회원국] 프랑스 · 서독 · 이탈리아 · 벨기에 · 네덜란드 · 룩셈부르크

ECSC · EEC ·
EURATOM
세 개의
공동체가
통합되어
'유럽공동체'
EC가
설립되었다.

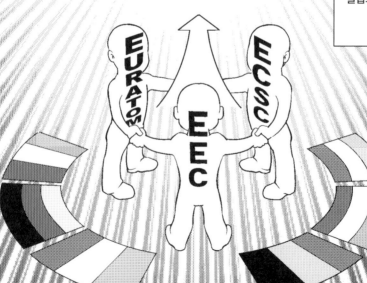

근데
EC 가입을
두 번이나
거절당했어.

지금의
경제 불황을
보면
가입하는 게
좋겠지…

그럼
영국은 왜
EC에
가입하지 않는
건가요?
우리도 유럽의
일원
이잖아요!

영국의
가입으로
미국이
개입하게
될 것을
걱정했다.

영국
미국이 뒤에는
있어!

E C

첫번째
EC 가입을
거부한
프랑스의
드골은

Non!

영국은
먼저
경제를
되살려야
한다.

가입
준비가
덜 된 것
같다.

1967년,
두 번째
신청에도

영국의
가입을
계속해서
거부했다.

아이슬란드 (1970년 가입)

노르웨이

핀란드 (1961년 준회원국 1986년 정회원국)

스웨덴

영국

덴마크

스위스

오스트리아

포르투갈

1960년 유럽자유무역 연합 EFTA를 설립했어.

우리나라는 EC가 출범하기 전 3개의 공동체에 대항하기 위해

영국은 오랫동안 많은 식민지를 가지고 번영해왔어.

그러나 이 무렵 영국은 오랜 경제 정체로 어려움을 겪고 있었다.

[영연방] 캐나다 오스트레일리아 뉴질랜드 인도 가나 등

이전의 자치령과 구 식민지로 구성된 '영연방'과의 경제적 결합도 있고

경제 침체는 개선되지 않고

경제를 압박하던 수에즈 운하 동쪽의 군대를 철수하는 등 여러 방면으로 대책을 마련했지만

영국은 국제 수지 개선을 위해 파운드화 평가 절하와

경제와 정치의 양면에서 세계에 대한 영향력이 줄어들고 있었다.

EC 각국은 결속해 성장하는 가운데

그런 영국에 전환점이 되는 기회가 찾아왔다.

1969년 헌법 개정을 위한 국민투표에서 부결된 드골은 대통령을 사임했다.

전임자 드골은 영국의 EC 가입을 거부했지만

나는 영국이 가입하기를 원한다면 지지할 것이다.

뒤이어 프랑스 대통령이 된 '조르주 퐁피두'는 기존 외교 정책을 전환하고자 했다.

1972년 프랑스 기자 회견장

조르주 퐁피두
프랑스 대통령

198

......

히스 총리님.

드디어 프랑스가 가입을 인정했다.

이것으로 영국 경제도 회복될 것이다.

와아아아아

짝

영국이 유럽 통합 흐름의 핵심을 담당한다!

짝

짝

1970년, 해럴드 윌슨을 대신해 영국의 수상이 된 에드워드 히스는

EC 가입 교섭에 책임자로 관여하면서 '미스터 유럽 (Mr. Europe)'으로 불리게 되었다.

프랑스가 지지해 준다면

EC에 가입할 수 있다!

짝

같은 해부터
이듬해에 걸쳐 일어난
제1차 석유 파동,
오일쇼크로 인해
세계 경제가 얼어붙자
EC에 의한
시장통합의 중요성이
높아졌다.

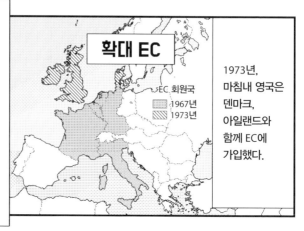

확대 EC

EC 회원국
1967년
1973년

1973년,
마침내 영국은
덴마크,
아일랜드와
함께 EC에
가입했다.

모네도
1979년에
사망했다.

쉬망은
1963년에
사망하고

모네와
쉬망의
계획은
착실하게
실현되는 듯
보였다.

같은해
1979년,
직접선거에
의해 처음으로
유럽의회
의원 선거가
실시되고

유럽 경제는 저성장과 인플레이션, 실업률의 상승으로 침체되고 만다.

그러나 1970년대부터 1980년대 초반까지

그러자

일본과 미국에 지고 있다!

유럽의 앞날이 캄캄하다…!

유럽의 미래를 비관하는 견해가 만연했다.

유럽에서는 꿈도 희망도 가질 수 없다!

이 현상을 '유로 페시미즘'이라고 부른다.

이 아이는 영국에서… 유럽에서 어른이 될 테니.

아이가 생기니까 괜히 정치에 더 관심이 가요.

아빠는 여전히 EC 가입에 찬성 하는군요.

만장일치의 원칙에 얽매여 하나도 결정하지 못하고 있어요.

EC가 설립되었지만 좀처럼 회의를 추진하지 않고

1981년에는 '그리스'도 가입해 회원국이 10개국이나 되지만,

문제는 산더미처럼 쌓여 있죠.

냉전 시대, 세계의 흐름 속에서 유럽의 영향력 저하는 막을 수 없었다.

지금 유럽에는 새로운 희망이… 새로운 목표가 필요합니다.

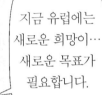

하지만 1985년

프랑스의 경제·재정·예산 장관을 지낸 '들로르'가 유럽집행위원회※의 위원장에 오르며

※EC의 집행 기관

그 흐름이 또다시 크게 바뀐다.

자크 들로르
유럽 집행위원회 위원장

각 나라의
통화를
폐지하고
하나의
'유럽통화'*로
통일합시다.

유럽통화

* 1979~98년 사용된 유럽통화단위
ECU는 실제 유통되는 통화가
아니라 주로 EC(이후 EU) 회원국
중앙은행 간의 결제 등에
사용되었음

그러자
국경에서
통화를 교환하거나
환율의 장애도
없애려는
움직임이 시작되고

통화
통합의
가능성을
현실화했다.

뭐어엇

이렇게나
대담한
일을!

그 말은…
전통 있는
프랑스의 통화
프랑도
독일의 통화
마르크도
없어진다는
것인가?!

각국 정상들을 만나 설득을 계속해 나갔다.

들로르는 유럽 국가들을 돌아다니며

유럽 경제 정세의 악화를 막기 위해서는

유럽에 통합도가 높은 거대 시장을 만들어야 합니다.

독일의 통일을 지지하는 대신 마르크를 포기하게 만듭시다.

1989년에는 자국 프랑스의 미테랑 대통령에게 독일과의 공작을 제안했다.

그러기 위해서는 통화를 통합해야 합니다.

제가 다른 나라를 설득 하겠습니다!

프랑수아 미테랑
프랑스 대통령

208

독일은 1989년, 베를린 장벽 붕괴를 계기로 통일을 향해 나아갔다.

동독 마르크도 서독 마르크로 교환되었다.

이윽고 1990년 독일은 재통일을 하고

독일 통일을 인정하는 대신 마르크 포기 후 단일통화 도입을 요구했다.

미테랑은 서독 수상 헬무트 콜을 만나

헬무트 콜
서독 수상

유로화 대신 파운드를 사용했다.

파운드

이 당시 영국은 EC에 가입하면서도 유럽통화의 도입은 보류했기 때문에

포울 슐뤼테르
덴마크 총리

프랑수아 미테랑
프랑스 대통령

정치와 경제 분야에서 이전보다 적극적인 협력을 도모했고, 독일을 포함한 EC 회원국들은

카힐 오 호하
아일랜드 총리

줄리오 안드레오티
이탈리아 총리

헬무트 콜
독일 수상

존 메이저
영국 수상

뗄리뻬 곤살레스
스페인 총리

각 나라가 가진 더 많은 권한을 EC에 양도하기로 합의했다.

만장일치의 원칙은 일부 철폐하고 다수결을 도입했다.

아니발 카바쿠 실바
포르투갈 총리

빌프리트 마르턴스
벨기에 총리

뤼트 뤼버르스
네덜란드 총리

콘스탄티노스 미초타키스
그리스 총리

자크 상테르
룩셈부르크 총리

그리고
EC 회원국은
1992년,
'마스트리흐트
조약'을 체결했다.

이 조약으로
유럽 국가간의
외교 · 안전보장
정책의 통합과
경제 · 통화
통합 · 유럽 의회의
강화 등이 정해졌다.

정식 명칭은
'유럽 연합에
관한 조약'이지만
네덜란드
마스트리흐트에서
서명했기 때문에
그 이름을 따서
'마스트리흐트
조약'이라고 불렀다.

유럽연합
EU

유럽연합(EU)이
탄생했다.

조약이 발효된
1993년 11월,
EC를 발전시켜
통합을 더욱 강화한

할아버지~ 알려줘!

1997년 영국

뭐가 좋아 진거야?

EC에서 EU로 바뀌어서

네. 최근에 흥미를 가지기 시작한 것 같아요.

피는 속일 수가 없네요.

?

뭐야 네 딸도 정치 얘기를 좋아하는 거야?

영국

런던

도버 해협

프랑스

브뤼셀

릴

채널 터널

파리

유로스타! 알아! 멋있잖아.

그러게 ….

1994년에는 도버 해협을 횡단하며

영국과 프랑스를 잇는 채널 터널이 개통되고

거기에 맞춰 유로스타가 등장했지.

이 협약을 맺은 회원국 내의 국민들은 심사 없이 국경을 넘나들 수 있으며 물건 역시도 자유롭게 이동할 수 있게 되었다.

실제로 발효된 것은 1995년 이었다.

원래 쉥겐 협약은 EC와 별개로 1985년, 서독 · 프랑스 · 벨기에 · 네덜란드 · 룩셈부르크가 맺은 협약이었으며

우리도 들어 갈래!

쉥겐 협약으로 여권없이 여행할 수 있어서 너무 편해♪

국 경

이후 이탈리아 · 그리스 · 스페인도 잇따라 가입하며 '쉥겐권'이라는 범위는 점차 확대되었다.

회원국 간의 국경 검문이 완전히 사라졌다.

그리고 1999년 쉥겐 협약은 암스테르담 조약에서 EU의 법에 편입되어

214

이 조약으로 유럽 의회의 권한 강화 등이 규정되고 유럽의 지역 통합이 더욱 진전하게 되었다.

1997년에 채택된 암스테르담 조약은 마스트리흐트 조약에서 더 나아간 것으로

영국의 불참은 '국경 관리는 국가 주권의 핵심'이라는 주장에 따른 것으로

난민과 불법 이민자의 유입을 경계한 것이었다.

쉥겐 협약뿐만 아니라

우리나라는 유럽 통화에도 참가하지 않겠다.

유럽사회 헌장[*]에서도 제외시켜 달라!

존 메이저
영국 총리

한편, 영국은 유럽 의회에서도 암스테르담 조약에 반대하고

No!

쉥겐 협약에도 불참 의사를 밝혔다.

응?

조약

응?

협약

※ 유럽 평의회에 의한 국제인권 조약으로, 주로 노동권과 사회 보장을 규정함

그러나
1997년,
노동당의
'토니 블레어'가
총리에
취임하면서
그 자세에
변화가 생겼다.

우리나라는
지금처럼
미국과의
관계를
강화하면서

유럽 통합에
적극적으로
관여해야 한다!

토니 블레어
영국 총리

그러나
쉥겐 협약에는
가입하지
않았다.

역시 여권은
있어야 하나...

와
아
아
맞
아
맞
아!

블레어 정권은
암스테르담
조약에 대한 반대를
철회하고
찬성 입장을 취했다.

영국은 아직까지도 쉥겐 협약에 가입하지 않아 자유롭지 못해.

다른 EU 회원국들은 이런 이유로 서로 자유롭게 왕래할 수 있지만

네덜란드

벨기에

EU 내에서는 관세가 없고 제품의 규격이 같기 때문에 다른 국가에서도 그대로 사용할 수 있어.

독일에서 쓸 거야.

나는 영국에서 쓸 거야.

하지만 EU가 성장하면서 영국에도 좋은 영향을 끼친 건 꽤 있어.

그러고보니 학생들은 다른 나라의 대학 수업을 들어도 졸업 자격을 얻을 수 있어.

오오 그렇지.

일에 관한 자격도 똑같이 적용받기 때문에 타국에서도 일할 수 있어.

또, 다른 나라로 이주해도 그 나라의 지방 참정권이 인정되고

복지에서도 평등한 대우를 받지.

나는 이탈리아에서 왔어.

나는 네덜란드 출신이야.

특히 너는 내년부터 대학생이니까. EU 덕분에 선택의 폭이 넓어지겠어.

응!

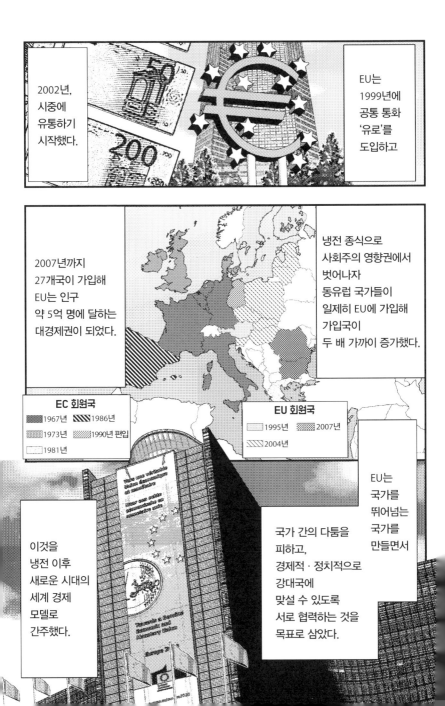

EU는
1999년에
공통 통화
'유로'를
도입하고

2002년,
시중에
유통하기
시작했다.

2007년까지
27개국이 가입해
EU는 인구
약 5억 명에 달하는
대경제권이 되었다.

냉전 종식으로
사회주의 영향권에서
벗어나자
동유럽 국가들이
일제히 EU에 가입해
가입국이
두 배 가까이 증가했다.

EC 회원국
▨ 1967년 ▧ 1986년
▧ 1973년 ▨ 1990년 편입
▢ 1981년

EU 회원국
▢ 1995년 ▨ 2007년
▧ 2004년

이것을
냉전 이후
새로운 시대의
세계 경제
모델로
간주했다.

국가 간의 다툼을
피하고,
경제적 · 정치적으로
강대국에
맞설 수 있도록
서로 협력하는 것을
목표로 삼았다.

EU는
국가를
뛰어넘는
국가를
만들면서

한편
아시아
에서는

EU가 출범한
1993년,
동남아시아
국가연합(ASEAN)도
회원국 간의
경제 협력 추진을
목적으로
관세 인하를 포함한
'자유 무역권'을
구축했다.

또한
1997년부터
한국 · 중국 ·
일본과 함께
'ASEAN+3'이라는
구조로 통합을
꾀했다.

ASEAN + 3
… ASEAN
… 한국 · 중국 · 일본

정치와 경제 면에서
문제점도
지적되고 있지만
대화의 장으로서
기능하고 있다.

아프리카에서도
2002년,
아프리카연합(AU)이
생겼다.

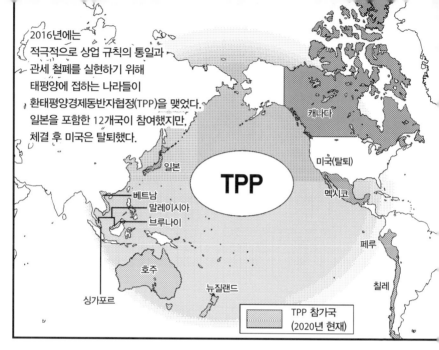

2016년에는
적극적으로 상업 규칙의 통일과
관세 철폐를 실현하기 위해
태평양에 접하는 나라들이
환태평양경제동반자협정(TPP)을 맺었다.
일본을 포함한 12개국이 참여했지만,
체결 후 미국은 탈퇴했다.

TPP

캐나다

미국(탈퇴)

일본

멕시코

베트남
말레이시아
브루나이

페루

호주

뉴질랜드

칠레

싱가포르

TPP 참가국
(2020년 현재)

이에 중국은
개발도상국에 대한
원조를 추진했다.
이를 통해
유라시아 대륙
전체를 뒤덮는
일대일로(一帶一路)를
구상했으며
경제 패권국이
되려고 했다.

탈퇴를 결정한
트럼프 대통령은
미국 제일주의를
내세우며
국제적인 경제 연합에
소극적이었다.

시진핑
중국 국가주석

도널드 트럼프
미국 대통령

유럽은
하루아침에
이루어
지거나

단 하나의
계획으로
이루어지는
것이
아니다!

변화하는
국제정세
속에서
지역통합의
형태가 세계
각지에서
모색되고

지역통합의
계기가 된
'쉬망 선언'의
이념은
지금도 빛을
잃고 있지 않다.

그리고
사람들은 그가 선언한
5월 9일을
EU 창설 기념일인
'유럽의 날'로 지정하고
지금도 성대하게
축하하고 있다.

주요참고도서·자료

【서적】
- 山川出版社,『新世界史B』(개정판) / 『詳說世界史B』(개정판) / 『山川 詳說世界史図録』(제2판) / 『世界史用語集』(개정판)
- 岩波書店,『中華人民共和国史』
- 大阪大学出版会,『ヨーロッパ統合史』
- 「ハンガリーのオーストリア国境の開放(1989):対東ドイツ交渉を中心に」/ 『法と政治』(66巻1号、2015年)、「ヨーロッパ統合の立役者たち(2)ジャン・モネ」/ 『奈良大学紀要』(33号、2005年)
- 明石書店,『韓国の暮らしと文化を知るための70章』/ 『EU(欧州連合)を知るための63章』
- 岩波書店,『シリーズ東欧現代史』/ 『日本経済30年史 バブルからアベノミクスまで』
- NHK出版,『ゴルバチョフが語る冷戦終結の真実と21世紀の危機』
- 大月書店,『輪切りで見える! パノラマ世界史⑤ 変わりつづける世界』
- 河出書房新社,『図説ソ連の歴史』
- 講談社,『興亡の世界史』/ 『中国の歴史』
- 新潮社,『マーガレット・サッチャー 政治を変えた「鉄の女」』/ 『レーガンとサッチャー 新自由主義のリーダーシップ』
- 中央公論新社,『欧州通貨統合のゆくえ ユーロは生き残れるか』/ 『韓国現代史 大統領たちの栄光と蹉跌』/ 『読売コラムニストの13年 バブル景気から平成不況へ』
- 白水社,『アフガン侵攻1979-89 ソ連の軍事介入と撤退』
- 原書房,『ベルリンの壁の物語 上・下』/ 『〈図説〉歴代アメリカ大統領百科 ジョージ・ワシントンからドナルド・トランプまで』
- ミネルヴァ書房,『欧州統合史 二つの世界大戦からブレグジットまで』
- 山川出版社,『ソ連の歴史 ロシア革命からペレストロイカまで』/ 『新史料で読むロシア史』

【WEB】
朝日新聞記事データベース 聞蔵 II, NHK高校講座 世界史, 国立公文書館 アジア歴史資料センター, 国立国会図書館, JAXANHK for School

이 책을 만든 사람들

- **감수:** 하네다 마사시(HANEDA MASASHI)
  도쿄대학 명예 교수
- **플롯 집필 · 감수:**

  제1장 우치다 지카라(UCHIDA CHIKARA)
  도쿄대학 동양문화연구소 특임연구원

  제2장 우치다 지카라(UCHIDA CHIKARA)
  도쿄대학 동양문화연구소 특임연구원

  제3장 우치다 지카라(UCHIDA CHIKARA)
  도쿄대학 동양문화연구소 특임연구원

  제4장 우치다 지카라(UCHIDA CHIKARA)
  도쿄대학 동양문화연구소 특임연구원

- **자켓 · 표지:** 곤도 가쓰야(KONDOU KATSUYA)
  스튜디오 지브리

- **만화 작화:** 스즈키 고(SUZUKI KOU)

- **내비게이션 캐릭터:** 우에지 유호(UEJI YUHO)